Mira Wolters

Kinder müssen uns nicht passen

SIE SIND JA KEIN KLEIDUNGSSTÜCK

Für Eltern und pädagogische Fachkräfte
in Krippe, Kita und Kindertagespflege

Impressum

Bibliografische Information der Deutschen Nationalbibliothek:
Die Deutsche Nationalbibliothek verzeichnet diese Publikation in
der Deutschen Nationalbibliografie; detaillierte bibliografische
Daten sind im Internet über dnb.dnb.de abrufbar.

© 2025 Mira Wolters
Lektorat: Emily Marler
Cover: Pavlina Popovska/istock, angelinast/istock
Verlag: BoD · Books on Demand GmbH, Überseering 33,
22297 Hamburg, bod@bod.de
Druck: Libri Plureos GmbH, Friedensallee 273, 22763 Hamburg
ISBN: 978-3-8192-4448-3
www.bod.de

Inhalt

Warum gibt es dieses Buch?

Liebe Eltern, liebe pädagogische Fachkräfte,

stellt euch vor, ihr habt euch ein neues Kleidungsstück gekauft. Ihr probiert es an und es passt perfekt! Zuhause merkt ihr dann, dass es eigentlich zu lang ist und kürzt es – nicht schlimm, das fällt nicht auf. Als ihr es zum ersten Mal anziehen wollt, bemerkt ihr lose Fäden, die ihr noch schnell festnäht. Unterwegs seid ihr euch dann gar nicht so sicher, dass die Farbe wirklich zu euch passt, umfärben ist ja zum Glück kein Problem … Was aber, wenn es kein Kleidungsstück wäre, sondern ein Kind, über das wir hier sprechen? Ein Kind, das auf den ersten Blick auffällt, weil es eine andere Vorliebe hat, vielleicht nicht mit den anderen Kindern spielen will oder etwas anders macht als erwartet. Was passiert, wenn wir dann versuchen, das Kind zu „kürzen", „festzunähen" oder sogar „umzufärben"? Wir zeigen damit, dass es nicht so akzeptiert wird, wie es ist. Doch Kinder sind keine Kleidungsstücke, die wir nach Belieben anpassen können.

Als Erwachsene tragen wir oft die Vorstellung mit uns, dass wir die Kinder *perfekt* formen müssen, als könnten wir ihr Leben für sie designen. Doch was, wenn wir unsere Rolle anders verstehen könnten? Was, wenn wir nicht dazu da wären, sie in eine bestimmte Form zu zwängen, sondern vielmehr dazu, ihnen zu helfen, ihren eigenen Stil zu finden? Was, wenn wir uns nicht als die sehen, die Kinder vervollständigen, sondern als die, die Kinder auf ihrer Reise begleiten?

Jedes Kind ist anders. Bill liebt es, mit Farben zu experimentieren, Natasja taucht in die Welt der Zahlen ein, während Valeria stundenlang in Bewegung bleibt. Jackson und Selma sprudeln vor Ideen, Pavlos und Ahmet denken gründlich über alles nach … Es ist normal, verschieden zu sein! Wir müssen nicht versuchen, alle Kinder in das gleiche, vorgefertigte Muster zu fügen. Wenn wir das tun, kann es zu Frust, Demotivation und ungünstigen Bewältigungsstrategien bei Kindern führen.

Erwachsene sprechen gerne davon, wie *lieb* ein Kind ist, oft mit Bewunderung oder aus Stolz. Gemeint ist meist: Dieses Kind passt. Es stört nicht. Es fällt nicht negativ auf. Es erfüllt die Erwartungen, aber genau hier beginnt das Problem. Denn was wir als brav bezeichnen, ist häufig ein Synonym für *angepasst* – und manchmal sogar für *unterdrückt*. Wenn ein Kind also sehr darum bemüht ist, nicht aufzufallen, nicht zu widersprechen, es allen recht zu machen, dann lohnt es sich, genauer hinzusehen. Denn dann geht es womöglich nicht nur um Selbstregulation, sondern um ein überangepasstes Verhalten.

Unsere Gesellschaft liebt *funktionierende* Kinder. Das ist auch nicht überraschend. Wenn alles *gut* läuft, werden wir als Eltern und Fachkräfte entlastet. Ein Kind, das brav ist, spiegelt zudem unsere Sehnsucht nach Ordnung, Kontrolle und Bestätigung. Aber ein Mensch hat Ecken, Kanten, Gefühle, Impulse, Bedürfnisse, und das Recht, diese auch auszudrücken. Wenn ein Kind wütend ist, traurig, laut oder impulsiv, dann ist das kein Fehlverhalten. Es ist Ausdruck von Lebendigkeit. Von Entwicklung. Von dem Mut, sich zu zeigen.

Kinder sollen sich also nicht zurücknehmen, verstellen oder ihre Bedürfnisse unterdrücken müssen. Unsere Aufgabe ist es, Kindern Mut zu machen, sich selbst zu lieben, sich so zu akzeptieren, wie sie sind, und ihren eigenen Weg zu finden.

> Die Frage ist nicht: „Wie bringen wir das Kind dazu, besser zu funktionieren?" Sondern: „Was erzählt uns sein Verhalten über seine Welt – und unsere?"

Wenn wir Kinder gut begleiten, profitieren wir selbst auf verschiedene Weise. Für Fachkräfte bedeutet es, eine tiefere Verbindung zu den Kindern aufzubauen, was ihre Arbeit erfüllender und sinnstiftender macht. Sie erleben, wie ihre Unterstützung Kinder motiviert und sie zu selbstbewussten, eigenständigen Persönlichkeiten werden. Auch für Eltern bringt eine respektvolle, bedürfnisorientierte Begleitung die Freude, ihre Kinder in ihrer Entwicklung zu stärken und zu begleiten, ohne sie in vorgefertigte Rollen zu drängen. Sie sehen die Fortschritte ihres Kindes und erfahren, wie es mit wachsendem Selbstvertrauen und Zufriedenheit in die Welt tritt. Das stärkt auch die Beziehung zu den Kindern.

Lasst uns also die zu großen Schuhe auf den Speicher räumen, um Platz zu schaffen für das, was wirklich zählt: die Entfaltung der Kinder.

Viel Freude und Inspiration bei dieser Reise!

Mira

Kinder müssen uns nicht passen

Jedes Kind ist einzigartig

Ari ist oft der Erste, der sich für Ideen begeistert, und es fällt ihm leicht, ins gemeinsame Spiel zu finden. Er ist extrovertiert, kreativ und weiß, wie er sich einbringen kann. Er fühlt sich in großen Spielgruppen wohl. Dann gibt es Malik, der in seine eigenen Gedanken versunken ist, laute Räume gar nicht mag und sich mit zwei Kindern in der Gruppe gut versteht. Er ist eher introvertiert und nachdenklich. Und schließlich ist da Ella, die eine große Begeisterung für Zahlen und Muster hat. Sie liebt es, mit Bausteinen zu spielen und komplexe Strukturen zu bauen. Alle drei sind in der gleichen Kita-Gruppe.

Die Vielfalt der Kinder zeigt sich nicht nur in ihrem Charakter und ihren Interessen – sie zeigt sich auch in ihrer Art zu lernen. Während Ari durch Gespräche und Interaktionen lernt, bevorzugt Malik es, in ruhigen Momenten nachzudenken und für sich selbst Lösungen zu finden. Ella wiederum benötigt eher klare Strukturen und eine feste Routine, um sich sicher zu fühlen und ihre Fähigkeiten zu entfalten.

Offen sein für neue Erkenntnisse

Als Eltern und Fachkräfte müssen wir uns immer wieder bewusst machen, dass es nicht den einen richtigen Weg gibt, ein Kind zu unterstützen. **Jedes Kind lernt anders, denkt anders und reagiert anders auf die gleiche Situation.** Deshalb ist es wichtig, dass wir in der Begleitung flexibel bleiben und bereit sind, unsere Herangehensweise an das jeweilige Kind anzupassen. Wenn wir einem Kind wie Ella, das sich für Zahlen interessiert, die Freiheit geben, sich mit mathematischen Spielen oder Rätseln zu beschäftigen, schaffen wir Raum für ihre Interessen. Anstatt sie in ein kreatives Kunstprojekt zu drängen, das sie weniger interessiert, können wir ihr anbieten, mit geometrischen Formen oder Zahlenspielen zu experimentieren. Das gleiche gilt für Malik: Er braucht keine ständigen Angebote oder große Gruppendynamik. Er fühlt sich in einer ruhigen Ecke wohler und kann dort seine Gedanken und Eindrücke verarbeiten.

> Das Ziel ist nicht, alle Kinder gleich zu behandeln, sondern ihnen individuell gerecht zu werden. Ihre **Individualität anerkennen** heißt keineswegs, ein Kind zu bevorzugen oder zu benachteiligen. Es bedeutet, zu erkennen, was dieses Kind braucht, damit es sich wohlfühlt.

Die Unterschiede fallen auch im Spiel auf. Während Ari sich im Freispiel mit anderen austauscht und kreative Spiele entwickelt, beschäftigt Malik sich am liebsten mit Autos und Zügen und kann dabei ruhig und konzentriert seine eigenen Welten erschaffen. Ella liebt es, mit ihrem Fahrrad auf einem vorgezeichneten Parcours auf dem Außengelände zu fahren. Diese Vorhersehbarkeit und Übersicht helfen ihr, sich zu entspannen.

Individuelle Merkmale schätzen

Kinder brauchen nicht alle die gleiche Art von Interaktion, um sich zu entwickeln, doch alle möchten **sich gesehen und wahrgenommen fühlen**. Jedes Kind hat seine eigenen Talente, Interessen und Stärken, die es zu einem einzigartigen Teil der Gemeinschaft machen. Anstatt zu versuchen, diese Talente nach unseren Vorstellungen zu formen, sollten wir lernen, sie zu sehen und zu unterstützen.

Wenn wir von Kindern erwarten, sich so zu verhalten, wie wir es für richtig halten, dann ist das selten böse gemeint – und doch übt es Druck aus. Kinder spüren, wann sie gewollt sind und wann sie stören. Sie registrieren Blicke, Tonfall, Körpersprache. Und sie passen sich an, **sogar bereits bevor sie sprechen können**. Das Tragische daran: Je mehr ein Kind versucht, den Erwartungen zu entsprechen, desto mehr entfernt es sich von sich selbst. Ein Kind, das gelernt hat, sich zu verstellen, um Zuneigung zu erfahren, wird irgendwann nicht mehr wissen, was es selbst braucht. Es wird funktionieren, aber innerlich leer, traurig oder auch wütend sein. Und manchmal zeigt sich das erst Jahre später.

Wenn wir uns also auf die individuellen Bedürfnisse der Kinder einlassen, können wir sie als die großartigen Persönlichkeiten erleben, die sie sind.

Überleg mal

- Wie ist es für dich, wenn Kinder unterschiedliche Bedürfnisse haben?

- Wie wirkt sich das auf deine Tagesgestaltung mit ihnen aus?

- Wie kannst du dabei auch gut für dich sorgen?

Die Vielfalt der Gehirne – Neurodiversität

Jedes Kind hat seine eigene Art, die Welt zu erleben und zu verstehen. Diese Unterschiede in der Wahrnehmung und Verarbeitung von Informationen sind keine Störungen, sondern natürliche Ausprägungen menschlicher Vielfalt. **Neurotypisch** bezeichnet eine Art der neurologischen Entwicklung, die in der breiten Mehrheit der Bevölkerung vorkommt. **Neurodivergente** Gehirne unterscheiden sich von neurotypischen in der Reizaufnahme und -verarbeitung. Hierzu zählen unter anderem Kinder mit ADHS, aus dem Autismus-Spektrum, mit Hochsensibilität, Hochbegabung, besonderen sensorischen Wahrnehmungen oder auch Dyspraxie. Manche Kinder haben ein stark ausgeprägtes visuelles Gedächtnis, andere haben ihre Stärke in sozialen Interaktionen oder finden kreative Lösungen für komplexe Probleme.

Vielfalt als Stärke anerkennen

Wenn wir die Vielfalt der Gehirne als das verstehen, was sie ist, nämlich als eine **gesunde und bereichernde Normalität**, fällt es uns leichter, Kindern zu ermöglichen, sich frei zu entfalten, ohne sie in eine festgelegte Norm zu zwingen. Ein Kind, das in einer Situation mehr Zeit braucht, um nachzudenken, ist nicht langsamer – es denkt einfach gründlicher. Ein anderes Kind, das ständig in Bewegung ist, hat vielleicht eine besondere Gabe für kreative Problemlösungen oder eine außergewöhnliche Energie, die in einem anderen Kontext äußerst wertvoll ist. Kinder sind nicht in einem *Fehlerzustand*, weil sie anders lernen, fühlen oder reagieren. Sie sind, wie sie sind, und das ist absolut richtig.

Unterstützende Strategien

Verschiedenheit anerkennen: Jedes Kind hat seine eigene Art, zu lernen, zu denken und sich auszudrücken. Wir können ihnen helfen, diese Unterschiede als besondere Stärke zu erkennen.

Vergleiche vermeiden: Wir sind es gewohnt, Kinder miteinander zu vergleichen, doch schätzen wir damit nicht die Einzigartigkeit des Kindes. Statt zu fragen: „Warum kann Aaron das nicht so gut wie Elli?", sollten wir überlegen: „Was kann Aaron auf seine eigene Weise besonders gut?"

Raum für individuelle Ausdrucksformen schaffen: Kinder brauchen die Freiheit, sich in ihrem eigenen Tempo und auf ihre eigene Art zu entwickeln. Dazu gehört auch, dass wir keine starren Vorstellungen von *guten* oder *richtigen* Wegen der Entwicklung haben.

Flexibel mit Bedürfnissen umgehen: Marvin sitzt gerne auf dem Schoß, weil er von dort den Raum gut überblicken kann. Julia liebt es, die Kisten nach dem Spielen aufzuräumen, darin findet sie Entspannung. Und Timothy läuft besonders gerne an der Hand, weil er sich dadurch beschützt fühlt. Kinder haben dafür einen guten Grund und das ist für uns die Chance, sie in ihrer Individualität anzunehmen.

Natürlich sollen Kinder eine andere Meinung haben als wir. Schließlich haben wir Jahre gebraucht, um unsere zu entwickeln. Und dann sagt uns ja niemand, ob sie richtig ist.

Anpassung um jeden Preis?

Es gibt unzählige gesellschaftliche Normen und Erwartungen, die uns vorgeben, wie Kinder sich entwickeln und verhalten sollten. „Mit drei Jahren sollte ein Kind aber schon windelfrei sein!", „Das sollte er bereits können!", „Warum ist sie immer noch so schüchtern?" Diese Gedanken kommen schnell – und sie beeinflussen, wie wir die Entwicklung von Kindern sehen und sie selbst in ihrem Wachstum begleiten.

Es ist leicht, sich in diesen Erwartungen zu verlieren und das Gefühl zu haben, dass Kinder in ein bestimmtes Bild passen müssen. Und es ist verständlich, wenn wir überall genau diese Botschaften sehen, hören oder lesen. **Doch die Anpassung an gesellschaftliche Normen führt nicht zwangsläufig zu einer gesunden, glücklichen und erfolgreichen Entwicklung.** Im Gegenteil: Sie kann dazu führen, dass Kinder sich unter Druck gesetzt fühlen und nicht die Freiheit haben, ihre eigenen Stärken und Interessen zu entdecken.

Erinnerst du dich an Malik, den ruhigen Jungen? Er spricht leise, steht nicht gerne im Mittelpunkt und spielt am liebsten allein. In einer Umgebung, die extrovertierte, laute Kinder bevorzugt, kann er schnell das Gefühl bekommen, nicht dazuzugehören. Oder Ella, die sich mehr für Zahlen, Bauen und eigene Konstruktionen interessiert. Sie wird sich in einer Umgebung, in der das Basteln nach Vorlage oder Vorgabe seitens der Erwachsenen praktiziert wird, möglicherweise weniger wertgeschätzt fühlen.

> Als Eltern und Fachkräfte haben wir eine wichtige Aufgabe: Wir müssen erkennen, wenn **unrealistische Erwartungen oder gesellschaftliche Normen** den Raum für das individuelle Wachstum der Kinder einschränken. Anpassung ist nicht nur anstrengend – sie kann auch die Entwicklung eines Kindes beeinflussen. Ein Kind, das ständig das Gefühl hat, sich verstellen zu müssen, kann nicht lernen, sich so anzunehmen, wie es ist.

Lena ist in der Kita-Gruppe sehr ruhig und beobachtet das Geschehen gerne aus einem geschützten Bereich heraus. Andere Kinder der Gruppe stürzen sich in laute Spiele und Gruppenkonversationen und halten sich gerne in der Mitte des Raums auf. Lena wird gesagt, sie solle sich mehr „einmischen" und „laut werden". Sie braucht mehr Zeit, um sich in neuen Situationen wohlzufühlen. Statt sie zu drängen, sollte Lena den Raum haben, sich so einzubringen, wie es für sie passend ist. Vielleicht findet sie ihre *Lautstärke* im kreativen Spiel, beim Malen oder in ruhigeren Momenten.

Umgekehrt wird Ayse immer wieder gesagt, sie sei zu wild und müsse sich mehr konzentrieren. Ihr fällt es schwer, nach dem Essen einer ruhigen Aufgabe nachzugehen. Sie mag sich lieber austoben und mit den älteren Kindern in den Garten gehen. Statt sie zu zwingen, sich auszuruhen, sollte sie die Möglichkeit haben, sich zu bewegen. Im Anschluss fällt ihr eine ruhige Aufgabe leichter oder sie merkt, dass sie sich doch ein bisschen ausruhen möchte. Auf diese Weise wird es ihr auch später leichter fallen, sich zu konzentrieren, wenn sie weiß, wie das für sie am angenehmsten ist.

Wenn gesellschaftliche Normen und Erwartungen die falschen Maßstäbe setzen, lassen wir uns davon antreiben und beeinflussen, im Glauben, dass das richtig sein muss. Doch **die Einzigartigkeit und unterschiedlichen Talente und Fähigkeiten** der Kinder sind keine Schwächen. Wenn wir Kinder nicht mehr an einem vorgegebenen, vielleicht sogar utopischen Ideal messen und ihre eigene, individuelle Entwicklung unterstützen, öffnen wir ihnen Türen zu einer Welt voller Möglichkeiten.

Kinder möchten uns gefallen

Kinder passen sich in vielerlei Hinsicht an die Erwachsenen und ihre Umwelt an. Dies geschieht in verschiedenen Altersstufen und ist ein wesentlicher Teil ihrer Entwicklung. Einerseits garantiert das ihnen, dazuzugehören und beschützt zu werden – auf diesen Schutz sind sie in ihren ersten Lebensjahren angewiesen, denn sie könnten nicht für sich selbst sorgen. Andererseits lernen sie durch **Beobachtung und Nachahmung** und imitieren unsere Verhaltensweisen. Dieser Anpassungsprozess geschieht nicht plötzlich, sondern über Jahre hinweg, wobei jedes Kind in seinem eigenen Tempo und in Abhängigkeit von den sozialen, kulturellen und familiären Bedingungen wächst. Die Anpassung an die Erwachsenen und die Umwelt wird für ein Kind dann schädlich, wenn sie zu einer dauerhaften Unterdrückung seiner eigenen Bedürfnisse, Wünsche und Identität führt. **Kinder sind von Natur aus anpassungsfähig**, doch diese Fähigkeit kann problematisch werden, wenn sie mit zu viel Druck, zu wenig Raum für Selbstentfaltung oder einer ständigen Ausrichtung an äußere Erwartungen verbunden ist.

Wenn eigene Bedürfnisse ständig hintenangestellt werden müssen: Kinder wollen dazugehören. Sie spüren, was von ihnen erwartet wird – ob zuhause oder in der Krippe, Kita oder Kindertagespflege. Wenn sie aber immer wieder erleben, dass ihre eigenen Wünsche und Bedürfnisse weniger zählen, kann das mit der Zeit zu dem Gefühl führen: „Ich bin nur dann richtig, wenn ich mich anpasse." Ob es um scheinbar kleine Dinge geht wie die Wahl der Kleidung oder größere Fragen wie Hobbys und Interessen – wenn ein Kind keine Wahl bekommt, geht etwas Wesentliches verloren: die Erfahrung, dass seine Meinung und sein Gefühl wertvoll sind.

„Nur wenn ich brav bin, bin ich liebenswert": Ein Kind, das ständig hört: „Du bist schön brav" und nur dann Zuwendung bekommt, wenn es die entsprechenden Erwartungen erfüllt, lernt, dass genau dieses Verhalten richtig ist. Das kann dazu führen, dass es irgendwann gar nicht mehr spürt, was es selbst möchte oder braucht. Es funktioniert, aber verliert den Kontakt zu sich selbst. Anerkennung sollte dann erfolgen, wenn das Kind seine eigenen Gedanken, Wünsche oder Bedürfnisse ausdrückt, ohne sich zu verstellen, um uns zu gefallen.

Gefühle brauchen Raum – und sichere Begleitung: Kinder erleben viele Gefühle – von überschäumender Freude bis hin zu Wut, Enttäuschung oder Traurigkeit. Wenn sie merken, dass bestimmte Gefühle nicht erwünscht sind, beginnen sie, sie zu unterdrücken. Sie lernen: „Wütend sein ist schlecht. Traurig sein soll ich nicht." Aber Gefühle verschwinden nicht, nur weil wir sie nicht zeigen. Sie stauen sich auf, suchen andere Wege – oder verstummen irgendwann. Darum brauchen Kinder Erwachsene, die ihnen zeigen, dass alle Gefühle erlaubt sind und wie sie mit diesen umgehen können.

Entscheidungen treffen und Selbstvertrauen gewinnen: Natürlich brauchen Kinder Orientierung. Genauso brauchen sie Gelegenheiten, selbst Entscheidungen zu treffen – nach ihren Möglichkeiten und in einem geschützten Rahmen. Ob es um die Auswahl des Essens geht oder um die Frage, ob sie bei einem Spiel mitmachen möchten: Jede selbst getroffene Entscheidung stärkt das Vertrauen in die eigene Wirksamkeit. Wenn Kinder hingegen das Gefühl haben, dass immer andere entscheiden, fehlt ihnen die Möglichkeit, eigene Erfahrungen zu machen – und daraus zu lernen.

Eine eigene Identität entwickeln: Kinder sind von Anfang an eigenständig denkende und fühlende Menschen. Damit sie herausfinden können, wer sie sind, brauchen sie Freiräume: zum Ausprobieren, zum Lernen und Wachsen. Wenn sie in vorgegebene Rollen gedrängt werden – „Der sportliche Junge", „Das ruhige Mädchen", „Das Kind, das nie Probleme macht" – kann es passieren, dass sie das Vertrauen in sich selbst verlieren. Identitätsentwicklung verläuft nicht geradlinig – sie ist ein lebendiger Prozess voller Entdeckungen und persönlicher Erfahrungen. Je mehr ein Kind sich dabei angenommen und gesehen fühlt, so wie es ist, desto sicherer wird es im Inneren.

Wenn der Druck zu groß wird: Gesellschaftliche Erwartungen machen vor den Kindern nicht Halt. Perfektes Verhalten, frühe Förderung, möglichst unauffällig – das kann schnell zu viel werden. Kinder spüren den Druck, gut sein zu müssen. Wenn dieser Druck überhandnimmt, entstehen leicht Selbstzweifel oder Ängste. Daher ist es so wichtig, Kindern immer wieder zu zeigen: „Du bist wertvoll – nicht, weil du etwas leistest, sondern einfach, weil du du bist."

> Kinder entwickeln soziale Kompetenzen, indem sie sich mit den Erwartungen und Bedürfnissen ihrer Umgebung auseinandersetzen, ohne sich dabei selbst aus dem Blick zu verlieren. Es geht darum, **in Verbindung zu bleiben**, mit sich selbst und mit anderen. Diese Balance zwischen innerer Klarheit und echtem Miteinander ist ein zentraler Entwicklungsschritt – und die Basis für gesunde Beziehungen und ein stabiles Selbstwertgefühl.

Verstanden werden und wachsen dürfen: Was Kinder von uns brauchen

Wichtig ist, dass Kinder in einer Umgebung aufwachsen, in der sie sich **sicher fühlen**, ihre eigene Persönlichkeit zu entfalten, und erfahren, dass ihre Bedürfnisse, Meinungen und Gefühle zählen, sie **auch widersprechen** und ihre Gedanken teilen können.

Es hilft Kindern, wenn Erwachsene:

- die **Bedürfnisse und Gefühle von Kindern ernst nehmen** und sich nicht nur auf die Anpassung an gesellschaftliche Erwartungen fokussieren.

- **einen Raum schaffen, in dem Kinder ihre eigenen Lösungen finden** und kreative Wege zur Problemlösung entdecken können.

- sie in ihrer **Selbstständigkeit und Entscheidungsfähigkeit** unterstützen, auch wenn es für Erwachsene unbequem ist.

- ein **positives Modell für das Annehmen von Fehlern** vorleben und ihnen so helfen, ein gesundes Selbstwertgefühl zu entwickeln.

- ihnen dabei helfen, ihre Gedanken und Gefühle zu reflektieren, um eine **gesunde Selbstwahrnehmung** zu entwickeln.

- zeigen, dass es **unterschiedliche Meinungen und Perspektiven** gibt. Das fördert die Toleranz und das Verständnis für andere, während die Kinder gleichzeitig ihre eigene Stimme finden.

Eltern und Fachkräfte als Team

An einem Strang zu ziehen, bedeutet zwar nicht, immer einer Meinung sein zu müssen – Aushandlungsprozesse gehören auch bei Erwachsenen dazu – und doch geht es um einen Kontakt auf Augenhöhe. Es bedeutet, sich gegenseitig als Expert:innen der jeweiligen Lebenswelt anzunehmen und Wissen miteinander zu teilen. Auf diese Weise profitieren Familien von den Erfahrungen und Kenntnissen der Fachkräfte und umgekehrt. Dafür bieten sich einerseits die Tür-und-Angel-Gespräche an, die zeitlich eher kurzgehalten sind, andererseits aber auch Elternabende, Veranstaltungen oder regelmäßig stattfindende Gespräche. Es lohnt sich auch zum Wohle der Kinder in eine gute Zusammenarbeit zu investieren.

Kind sein macht Spaß

Kinder bringen von Anfang an etwas mit, das vielen Erwachsenen abhandengekommen ist: ein feines Gespür für sich selbst. Sie wissen intuitiv, was sie brauchen, was ihnen guttut, denn **sie fühlen direkt und ehrlich**. Diese emotionale Klarheit kann uns manchmal überfordern, aber sie ist zutiefst authentisch.

Und doch – oder vielleicht gerade deshalb – beginnen wir früh damit, ihnen genau diese Qualitäten abzutrainieren. Spontane Impulse werden gebremst: „Sei nicht so wild." – „Jetzt benimm dich mal." – „Kannst du nicht einfach still sein?" Gefühle werden relativiert oder abgetan: „Ist doch nicht so schlimm." – „Hör jetzt auf zu weinen." Und ihr Eigenwille? Der stößt oft an unsere Grenzen: „Du hast jetzt zu hören." – „Ich will kein Theater."

So wachsen viele Kinder in eine Welt hinein, in der es sicherer erscheint, sich zu fügen, als sich zu zeigen. Der Spaß, die Freude, die Leichtigkeit – all das bleibt irgendwann auf der Strecke. **Lass uns das ändern.**

Kinder sind nicht dazu da, zu funktionieren. Sie sind manchmal laut, wild und unvorhersehbar, und genau darin liegt ihre Kraft. Sie fühlen intensiv, stellen unbequeme Fragen, hinterfragen unsere Strukturen und Grenzen. Dadurch bringen sie uns dazu, im Moment, aufmerksam und präsent zu sein. Ein Kind, das frei spielen, frei sprechen und frei fühlen darf, sollte das nicht selbstverständlich sein? Doch genau das stellt viele Erwachsene vor eine Herausforderung – nicht, weil das Kind *zu viel* ist, eher weil es uns mit etwas konfrontiert: nämlich unserem eigenen Tempo, unseren Erwartungen und unseren offenen oder verdrängten Kindheitserfahrungen.

Kindheit bedeutet Staunen, Entdecken, Lachen.

Kinder müssen sich nicht ständig verbessern. Sie lernen, weil es ihrem Wesen und Bedürfnis entspricht. Sie sollen nicht danach streben, uns zu gefallen – sie sind einfach sie selbst. Und wir schauen nicht auf das, was wir aus ihnen machen wollen, sondern auf das, was in ihnen steckt.

Spaß schafft Flow – und echte Verbundenheit

Wenn Kinder spielen, lachen, matschen, rennen, bauen, träumen – dann erleben sie etwas, das wir Erwachsene nur noch selten spüren: **Flow**. Dieses vollständige Aufgehen im Tun, das Versinken in eine Tätigkeit, bei der Zeit und Außenwelt fast vergessen sind. In diesen Momenten sind Kinder ganz bei sich. Sie erleben **Hingabe, Konzentration, Leidenschaft** – und lernen dabei ganz nebenbei.

Freude ist dabei weit mehr als ein angenehmes Gefühl. Sie ist ein innerer Antrieb, der Kinder motiviert, sich auf Neues einzulassen, kreativ zu denken, dranzubleiben, auch wenn es schwierig wird. Freude macht stark, weil sie von innen kommt.

Ein freudvolles Kind ist ein lernendes Kind. Nicht, weil es muss, sondern weil es will. Aus echtem Interesse, aus Neugier, aus sich selbst heraus. Freude lässt Kinder spüren: „Ich darf mich zeigen. Ich darf mich entfalten." Das schafft Selbstvertrauen und innere Sicherheit. Gleichzeitig stärkt Freude die emotionale Widerstandskraft. Sie ist wie ein innerer Schutzraum, der Kinder trägt, auch in stressigen oder belastenden Situationen. Wer oft Freude erlebt, entwickelt Vertrauen: in sich selbst, in Beziehungen, in das Leben.

Und ganz nebenbei entsteht auch Verbindung. Gemeinsames Lachen, sich zusammen freuen, gemeinsam Quatsch machen – das sind die Momente, die tragen. Sie schaffen Nähe, echtes Miteinander, Beziehung auf Augenhöhe.

Mehr Zeit für spaßige Aktivitäten im Alltag

Spontaneität zulassen: Kinder wissen oft nicht, was sie als Nächstes tun werden, und genau das ist ihre Stärke. Als Erwachsene können wir lernen, uns ein Stück weit von festen Strukturen zu lösen und den Moment zu genießen. **Tipp:** Anstatt einen festen Plan für den Nachmittag zu haben, lass es zu, dass der Tag sich selbst gestaltet – vielleicht mit einem Spaziergang, der zu einer Schatzsuche wird, oder mit einem spontanen Mal-Event im Garten.

Lachen erlaubt – und erwünscht: Die einfachsten Dinge machen oft am meisten Spaß: gemeinsam lachen, Grimassen schneiden, albern sein. Wenn Erwachsene zeigen, dass Leichtigkeit okay ist, lernen Kinder, dass Humor und Lebensfreude dazugehören. **Tipp:** Starte den Tag mit einem Lächeln, zum Beispiel mit einem pantomimischen „Wie geht's dir heute?" und lass die Kinder kreativ antworten. So entsteht gleich am Morgen eine lockere, fröhliche Atmosphäre.

Interessen der Kinder ernst nehmen: Kinder sind voller eigener Ideen und Leidenschaften. Sie wollen nicht nur „beschäftigt", sondern gesehen werden. Wer auf ihre Interessen eingeht, schenkt ihnen echte Wertschätzung. **Tipp:** Ein Kind singt gern? Dann macht eine kleine Karaoke-Runde. Ein anderes liebt es, zu malen? Schaffe Raum für ein eigenes Kunstprojekt. Wenn Kinder erleben, dass ihre Vorlieben zählen, blühen sie auf.

Gemeinsames Spielen: Viele Kinder lieben es, wenn Erwachsene nicht nur dabei sitzen, sondern mitspielen. Das stärkt die Beziehung, schafft Nähe und lässt beide Seiten gemeinsam in Fantasie und Freude eintauchen. **Wichtig dabei:** Kinder vorher fragen, ob sie damit einverstanden sind – und ein Nein akzeptieren. Denn echte Verbindung entsteht durch Freiwilligkeit und gegenseitigen Respekt. **Tipp:** Lass dich darauf ein, mit den Kindern in eine imaginäre Welt einzutauchen, sei es durch ein Rollenspiel oder durch ein kreatives Spiel im Freien. Zusammen lachen, spielen und Spaß haben sind nicht nur wertvolle Erfahrungen für Kinder!

Welche Erwartungen habe ich an Kinder?

„Warum kann mein Kind nicht einfach so wie die anderen Kinder sein?" „Warum tut sie das nicht, was ich ihr beigebracht habe?" Vielleicht kommen dir solche Gedanken bekannt vor. Aber was, wenn diese Gedanken weniger mit dem Kind zu tun haben als mit uns selbst? Unsere eigenen Erwartungen, Hoffnungen und vielleicht auch Ängste beeinflussen, wie wir auf die Entwicklung der Kinder blicken. Doch sind diese Erwartungen wirklich gerechtfertigt? Und vor allem: Sind sie hilfreich?

> Es ist oft schwer, sich einzugestehen, dass wir eigene Wünsche und Vorstellungen auf die Kinder projizieren. Als Eltern oder Fachkräfte haben wir alle **eine eigene Geschichte, mit eigenen Erfahrungen**, die uns geprägt haben. Diese Erfahrungen sind gut und wichtig; sie zeichnen uns aus. Doch wenn wir beginnen, die eigenen Eindrücke auf Kinder zu übertragen, kann das problematisch werden.

Selbstreflexion hilft uns, uns selbst besser zu verstehen und bewusster auf die Bedürfnisse der Kinder einzugehen. Wenn wir uns darüber im Klaren sind, welche Erwartungen wir an Kinder haben und warum, können wir diese überdenken und anpassen. Vielleicht entdecken wir dabei, dass manche unserer Vorstellungen aus unserer eigenen Kindheit oder den Erwartungen der Gesellschaft stammen und weniger mit dem Kind zu tun haben. Nur wenn wir uns dieser unbewussten Prägungen bewusst werden, können wir anfangen, die Art und Weise, wie wir mit Kindern umgehen, zu verändern – hin zu einer respektvollen und unterstützenden Begleitung, die dem Kind gerecht wird.

Erwartungen sind bewusste oder unbewusste Annahmen darüber, was wir in bestimmten Situationen erleben oder erreichen sollten. Sie können sich auf äußere Umstände oder unser eigenes Verhalten beziehen und werden oft durch wiederholte Erfahrungen geprägt.

Beispiele: „Ich darf keine Fehler machen, sonst werde ich abgelehnt", „Erfolg ist nur dann wertvoll, wenn er von anderen anerkannt wird", „Wenn ich viel arbeite, werde ich geliebt."

Diese Erwartungen entstehen aus den Erfahrungen, die wir in unserer Kindheit gemacht haben, und aus den Reaktionen der Erwachsenen auf unser Verhalten. Sie können uns sowohl motivieren als auch einschränken, je nachdem, ob sie realistisch oder übertrieben sind.

Glaubenssätze sind tief verwurzelte Überzeugungen über uns selbst, andere Menschen und die Welt. Sie haben einen starken Einfluss auf unser Verhalten, auf Entscheidungen und Beziehungen im Erwachsenenalter und können ebenfalls förderlich und stärkend oder hinderlich und schwächend sein.

Beispiele: „Ich bin nicht gut genug" (Glaubenssatz über sich selbst), „Die Welt ist gefährlich" (Glaubenssatz über die Welt), „Ich muss immer stark sein und darf meine Gefühle nicht zeigen" (Glaubenssatz über Emotionen), „Andere Menschen sind nicht zuverlässig" (Glaubenssatz über Beziehungen).

Übung 1: Der Wunschzettel

Nimm dir Zeit, über deine Wünsche und Erwartungen nachzudenken. Stell dir vor, du schreibst einen Wunschzettel an das Kind. Was wünschst du dir für seine Zukunft? Welche Fähigkeiten sollte es unbedingt haben? Welche Verhaltensweisen stören dich? Schreibe alles auf, was dir in den Sinn kommt, ohne zu urteilen.

Nachdem du deine Gedanken notiert hast, gehe sie noch einmal durch und frage dich:

- Kommen diese Wünsche aus mir heraus oder aus meiner Umgebung (Eltern, Gesellschaft, Kultur)?

- Habe ich bestimmte Vorstellungen, die ich unbewusst auf das Kind projiziere?

- Sind diese Erwartungen hilfreich für das Kind oder setze ich es unter Druck?

Übung 2: Der Spiegel der Prägungen

Denke an eine Situation zurück, in der du mit einem Kind ungeduldig oder von ihm enttäuscht warst, weil es deine Erwartungen nicht erfüllt hat. Das kann ein Moment zuhause, in der Kita oder an einem anderen Ort sein.

Reflektiere:

- Was hast du von dem Kind erwartet?

- Welche Emotionen hast du selbst in dieser Situation empfunden? Hattest du das Gefühl, dass dein eigener Wert infrage gestellt wurde?

- Welche Erfahrungen aus deiner eigenen Kindheit oder Erziehung könnten diese Reaktionen ausgelöst haben?

- Was hättest du in dieser Situation anders machen können, um das Kind besser zu unterstützen?

Übung 3: Die Perspektive wechseln

Versuche, dich in die Perspektive des Kindes zu versetzen. Wie fühlt es sich an, wenn man mit Erwartungen konfrontiert wird? Welche erscheinen dir als Kind plausibel und handhabbar, welche nicht? Wie fühlt es sich an, nicht den Erwartungen zu entsprechen, die die Erwachsenen an dich stellen? Schreibe auf, was dir in den Sinn kommt, und überlege dann:

- Wie können wir als Erwachsene besser auf die Bedürfnisse der Kinder eingehen, ohne sie mit unseren eigenen Vorstellungen zu überladen?

- Was würde das Kind brauchen, um sich sicher, verstanden und unterstützt zu fühlen?

Tipp: Selbstreflexion bedeutet nicht, sich selbst oder andere zu verurteilen. Sie lädt dazu ein, die eigene Haltung zu hinterfragen und zu erkennen, welche Muster uns unbewusst leiten. Das hilft uns dabei, in der Begleitung von Kindern offener und flexibler auf ihre Bedürfnisse eingehen zu können. Indem wir nämlich unsere Gedanken und Überzeugungen kennen, können wir achtsamer und liebevoller mit Kindern umgehen.

Wir meinen es gut, weil wir Kindern helfen möchten. Und doch dürfen wir uns viel öfter fragen, ob die Hilfe ihnen guttut – oder uns.

Das Recht auf Mit-bestimmung

Raum für eigene Entscheidungen

Kinder sind kompetent, neugierig und fähig, ihre eigenen Lösungen zu finden – wenn wir ihnen den Raum dazu geben. Stell dir vor, Lukas möchte seine Schuhe selbst anziehen, aber es dauert länger, als dir lieb ist. Du könntest es schnell erledigen, um Zeit zu sparen, oder du könntest ihm die Aufgabe zutrauen und ihm die Zeit geben, die er braucht. Indem du ihm diese Möglichkeit gibst, förderst du seine Selbstständigkeit und zeigst ihm, dass du an seine Fähigkeiten glaubst. Auch wenn es länger dauert, wird er dadurch Vertrauen entwickeln und sich selbst als kompetent erleben. Wenn du glaubst, dass Lukas Hilfe braucht, kannst du ihn fragen und seine Antwort abwarten. Vielleicht wünscht er sich auch, dass du bei ihm bleibst, während er seine Schuhe anzieht.

Kinder lernen, Konflikte zu lösen

Indem wir **Vertrauen in die Selbstständigkeit und Problemlösungsfähigkeiten** der Kinder setzen, können sie Verantwortung übernehmen und aus ihren eigenen Erfahrungen lernen. Die Begleitung von Kindern sollte weniger als ein Akt der Kontrolle gesehen werden und dafür mehr als **ein unterstützender Prozess**, der dem Kind hilft, seinen eigenen Weg zu finden. Wir sind dann nicht die Regisseur:innen, die alles kontrollieren, sondern die Begleiter:innen, die in schwierigen Momenten zur Seite stehen und bei der Orientierung helfen. Wenn wir Kindern nicht vorschreiben, wie sie sich verhalten oder was sie tun sollen, und ihnen stattdessen die Werkzeuge geben, die sie brauchen, dann können sie ihre eigenen Entscheidungen treffen.

Lisa streitet sich mit Levin. „Das ist meine!", ruft sie, während sie ihre Trinkflasche vor Levins Gesicht hin- und herschwingt. Als Erwachsene sind wir schnell geneigt, einzugreifen, um das Problem zu lösen. Doch statt uns sofort einzumischen, könnten wir abwarten, ob die Kinder den Streit selbst klären können. Wenn wir den Eindruck haben, dass ihnen das nicht gelingt oder sie handgreiflich werden, können wir zu ihnen gehen und herausfinden, worin das Problem liegt und ob sie eine Lösung wissen. So zeigen wir den Kindern, dass wir ihnen zutrauen, das Problem selbst zu lösen. Wir nehmen dabei eine unterstützende Rolle ein. Das stärkt die Problemlösungsfähigkeiten der Kinder und ihr Selbstvertrauen.

Eine **kontrollierende Erziehung**, sei es durch strikte Regeln, ständige Aufsicht oder das Zwingen zu bestimmten Verhaltensweisen, kann zu Widerstand und Angst führen. Kinder lernen dann nicht, selbstständig zu denken oder Verantwortung zu übernehmen. Im schlimmsten Fall entwickeln sie das Gefühl, dass ihre eigenen Bedürfnisse und Wünsche weniger zählen. Im Gegensatz dazu fördert eine **unterstützende Begleitung**, in der Vertrauen und Wertschätzung im Vordergrund stehen, die Entwicklung von Eigenverantwortung und Selbstbewusstsein. Kinder, die sich unterstützt fühlen, sind eher bereit, **Herausforderungen anzunehmen**, weil sie wissen, dass es okay ist, Fehler zu machen. Sie lernen, dass **Misserfolge** dazugehören und dass diese **Gelegenheiten sind, zu wachsen und Neues zu lernen.**

Begleiten oder Erziehen? Eine Wortwahl mit Folgen

Wenn wir davon sprechen, Kinder zu erziehen, dann möchten wir sie in der Regel in eine bestimmte Richtung und **nach bestimmen Vorgaben formen**. Wir haben Erziehungsziele, die wir mithilfe von Methoden (zum Beispiel durch Lob oder Strafe) durchsetzen. Dadurch verstärken wir das natürliche Machtgefälle, das zwischen Erwachsenen und Kindern besteht, und den Eindruck, dass unsere Meinung wichtiger ist als ihre. Wir agieren aus einer dominanten Position heraus. Hier fehlt die positive, stärkende Ausrichtung, ein Miteinander auf Augenhöhe. Beim Begleiten entsteht ein anderes Bild im Kopf: **Wir stehen Kindern zur Seite**, gehen ein Stück ihres Weges mit ihnen und unterstützen sie. Wir leben ihnen unsere Werte vor und wissen, dass sie uns beobachten und von uns lernen wollen. Sie lernen nicht, weil sie dazu gezwungen werden (**extrinsisch**, Motivation von außen), sondern weil sie sich selbst dafür entscheiden (**intrinsisch**, Motivation von innen).

Überleg mal

- Wann fällt es dir leicht, Kindern zu vertrauen?

- In welchen Situationen ist es dir wichtig, die Kontrolle zu haben?

- Wie geht es dir mit den Begriffen Erziehung und Begleitung?

Übung 1: Eine Frage des Vertrauens

Überlege dir eine Situation, in der du über ein Kind bestimmt hast, statt ihm zu vertrauen. Frage dich:

- Was war die Grundlage meiner Entscheidung?

- Welche Fähigkeiten des Kindes habe ich möglicherweise übersehen?

- Wie könnte ich dem Kind mehr Raum für eigene Entscheidungen und Lösungen geben?

- Was hätte das Kind aus dieser Situation lernen können, wenn ich ihm vertraut hätte?

Überlege dann, wie du in einer ähnlichen Situation in Zukunft anders reagieren könntest, um dem Kind mehr Vertrauen entgegenzubringen.

Übung 2: Das Kompliment

Achte darauf, regelmäßig ein *Vertrauens-Kompliment* an das Kind zu richten. Statt das Kind für das vermeintlich richtige Verhalten zu loben, würdige seine Fähigkeit, eigene Entscheidungen zu treffen – auch wenn sie von deinen Vorstellungen abweichen. Nutze die Gelegenheit, das Kind nach seinen Beweggründen zu fragen. Auf diese Weise kann es den Lernprozess selbst noch einmal reflektieren.

Beispiel:

- „Ich habe gesehen, wie engagiert du warst, um den Ball aus der Hecke zu holen. Er saß richtig fest. Freust du dich, dass ihr jetzt weiterspielen könnt?"

- „Du hast selbst eine Lösung für das Problem mit dem kaputten Dreirad gefunden. Magst du mir erzählen, wie dir das gelungen ist?"

Begleitung jenseits von Kontrolle bedeutet, den Kindern zu vertrauen und ihnen die Möglichkeit zu geben, ihre eigenen Fähigkeiten zu entdecken und auszuprobieren. Anstatt sie zu überwachen oder vorzugeben, was richtig oder falsch ist, können wir den Kindern helfen, Verantwortung zu übernehmen und ihre eigenen Entscheidungen zu treffen.

Bewältigungstechniken von Kindern – Wenn Beißen, Hauen und Co. Ausdruck von Herausforderungen sind

Kinder haben eine Freude daran, ihre eigenen Emotionen und die der Welt um sie herum zu entdecken. Sie lernen jedoch erst, mit intensiven Gefühlen und schwierigen Situationen umzugehen und sind dabei auf die **Ko-Regulation** durch Erwachsene angewiesen. Manchmal greifen Kinder auf Verhaltensweisen wie Beißen, Hauen oder Schubsen zurück, die wir als *herausfordernd* bezeichnen. Diese Verhaltensweisen sind ein Ausdruck ihrer Bemühungen, eine passende Lösung zu finden, und ein Zeichen dafür, dass sich die Kinder *herausgefordert* fühlen. Kinder reagieren oft instinktiv auf Überforderung, Frustration, Angst oder das Gefühl, dass ihre Bedürfnisse nicht gehört oder verstanden werden. Sie handeln also nicht „schlecht" oder „böse": Sie nutzen eine naheliegende Bewältigungsstrategie.

Eine sichere Bindung zu Eltern und Fachkräften gibt dem Kind **Halt, Orientierung und das Gefühl von Sicherheit** – eine wichtige Voraussetzung, um mit Emotionen wie Frust, Angst oder Wut umgehen zu können. Besonders in Übergangsphasen, wie beim Wechsel von der Familie in die Krippe, Kita oder Kindertagespflege, oder bei Veränderungen in der Gruppe, kann sich ein Kind zunächst unsicher und auch verletzt fühlen. Es reagiert dann besonders wachsam, um sich zu schützen und mögliche Gefahren frühzeitig zu erkennen oder um deutlich zu machen: „Das gefällt mir nicht."

Warum Kinder beißen oder hauen

Überforderung oder Frustration: Wenn ein Kind das Gefühl hat, dass es in einer Situation keine Kontrolle hat oder dass seine Bedürfnisse nicht erfüllt werden, kann es zu einer aggressiven Reaktion kommen. Wut und Frustration sind natürliche und gesunde Emotionen, die dem Kind helfen, auf eine wahrgenommene Bedrohung oder Ungerechtigkeit zu reagieren. Aggression kann in solchen Momenten ein Versuch sein, etwas zu verändern oder sich selbst zu behaupten. Sie zeigt: „Hier wurde eine Grenze erreicht, bitte nimm mich ernst."

Fehlende sprachliche Möglichkeiten: Kinder, besonders im jüngeren Alter oder mit anderen Familiensprachen, haben oft noch nicht die sprachlichen Fähigkeiten, um ihre Gefühle und Bedürfnisse in Worte zu fassen. Hauen oder Beißen kann als eine Art „Notfallkommunikation" verstanden werden, um auszudrücken, dass sie sich überfordert oder nicht gehört fühlen.

Unterschiedliche Sensibilität: Manche Kinder reagieren auf bestimmte Reize (wie laute Geräusche, enge Räume oder schnelle Veränderungen) stärker als andere. In solchen Momenten kann Aggression eine Möglichkeit sein, mit der empfundenen Bedrohung oder Frustration umzugehen.

Unterforderung: Fehlen anregende Impulse oder Gelegenheiten zum aktiven Spiel, können sich Kinder unterfordert fühlen. Beißen, treten oder hauen sind dann ein Versuch, sich selbst zu spüren, Langeweile zu überwinden oder einen inneren Reiz zu erzeugen.

Spiegelung von Gefühlen und Verhalten: Kinder lernen durch Nachahmung. Wenn sie aggressives Verhalten von anderen Kindern oder Erwachsenen beobachten, kann es sein, dass sie diese Verhaltensweise als Lösung für Konflikte oder Frustrationen übernehmen.

Vom Konflikt zur Lösung: Kinder begleiten

Anstatt auf das Verhalten mit Strafen oder Verurteilungen zu reagieren, sollten wir diese Verhaltensweisen als Zeichen dafür sehen, dass das Kind **Hilfe bei der Bewältigung von Emotionen oder bei der Bedürfniserfüllung** braucht. Erwachsene können Kindern helfen, indem sie:

Ruhe bewahren: Wenn ein Kind beißt oder haut, ist es wichtig, ruhig zu bleiben und das Kind nicht zu beschämen. Wenn das Kind aufgeregt ist, kann es einige Minuten dauern, bis es sich beruhigt. Bis dahin sollte es keine Kinder um sich herum gefährden und auch für sich selbst keine Gefahr sein. Erst wenn es sich beruhigt hat, ist es aufnahmefähig und bereit für ein Gespräch.

Auf Regeln hinweisen: Kinder wissen eigentlich, dass Beißen oder Hauen nicht in Ordnung ist, deshalb reicht es aus, sie im ruhigen Ton daran zu erinnern. Zum Beispiel: „Ich sehe, dass du wütend bist. Und gleichzeitig gilt bei uns: Wir schubsen nicht. Komm, wir schauen zusammen, was dir hilft.“

Gefühle benennen und verstehen: Indem wir auf das Gefühl eingehen, statt nur auf das Verhalten, helfen wir dem Kind, sich auszudrücken. Wir können zum Beispiel fragen: „Was ist passiert? Hast du dich erschrocken oder warst du wütend?“ So bekommen wir auch Einblick in die Gründe.

Bedürfnisse aufspüren: Auf welches unerfüllte Bedürfnis macht das Kind mit dem Verhalten aufmerksam? Sucht es Nähe und Kontakt, zeigt es eine Grenze auf? Hat es Hunger, Durst oder ist es müde? Wozu verhält es sich so? (siehe Bedürfnisse > Seite 52)

Alternativen anbieten: Kindern hilft es, wenn sie verstehen, wie sie alternativ reagieren können, um mit den überwältigenden Gefühlen umzugehen, zum Beispiel indem sie im Flur rennen, um ihre Wut abzubauen, tief durchatmen, um sich zu beruhigen, oder einen sicheren Raum aufsuchen, um sich zu erholen. Die Methoden sollten an das Kind und den Kontext angepasst werden.

Selbstbewusstsein stärken: Wenn Kinder es schaffen, ihre Gefühle ohne Beißen oder Schubsen zu regulieren, können wir sie darauf ansprechen und ihnen zeigen, dass wir ihre Reaktion bemerkt haben. Das stärkt ihr Selbstbewusstsein. Oft werden Kinder, die beißen, schubsen oder hauen, erst dann angesprochen, wenn es zu einem Vorfall gekommen ist. Das kann sie jedoch unbewusst dazu ermutigen, dieses Verhalten zu wiederholen, um beachtet zu werden. Deshalb ist es wichtig, Kindern auf vielfältige Weise Aufmerksamkeit zu schenken, damit sie sich von Anfang an gesehen und gehört fühlen.

Beißen, Hauen, Treten oder Schubsen sind Ausdruck innerer Überforderung und keine absichtlichen, feindseligen Angriffe. Sie zeigen, dass **Kinder in diesem Moment überfordert sind und ihre Integrität verletzt wurde.** Mit Geduld und liebevoller Begleitung können wir sie dabei unterstützen, günstige Bewältigungsstrategien zu entwickeln (siehe Coping > Seite 47).

Freiheit und Struktur im Alltag der Kinder

Auf der einen Seite brauchen Kinder Raum, sich frei zu entfalten, ihre eigenen Entscheidungen zu treffen und ihre Kreativität zu entwickeln. Auf der anderen Seite profitieren sie von klaren Strukturen und Grenzen, die ihnen Orientierung und Sicherheit bieten. Aber wie lässt sich beides im Alltag miteinander vereinbaren? Und wie finden wir das richtige Maß zwischen diesen beiden Polen?

Freiheit bedeutet, dass Kinder die Möglichkeit haben, selbstständig zu handeln, neue Erfahrungen zu sammeln und ihre eigenen Entscheidungen zu treffen. Sie können entdecken, was sie interessiert, sich kreativ entfalten und eigene Lösungen finden. Diese Freiheit fördert die Selbstständigkeit und das Selbstbewusstsein.

Struktur gibt den Kindern den notwendigen Rahmen, um sich sicher zu fühlen. Eine gewisse Struktur – sei es durch regelmäßige Rituale, klar kommunizierte Regeln oder feste Punkte im Tagesablauf – hilft den Kindern, sich zurechtzufinden. Sie wissen, was sie erwarten können.

Stell dir vor, du gehst mit einem Kind in den Park. Es gibt viel zu entdecken: Bäume, Blumen, Tiere, Spielgeräte... Die Freiheit hier bedeutet, dass das Kind entscheiden kann, wohin es geht, was es entdeckt und mit wem es spielt. Und es gibt eine Struktur, denn du gibst dem Kind einen Rahmen, indem du sagst: „Zum Mittagessen gehen wir zurück" oder „Wenn du nicht mehr rutschen willst und den Spielbereich wechselst, sag mir Bescheid, damit ich dich begleiten kann." Diese Struktur sorgt dafür, dass das Kind sich innerhalb eines sicheren Rahmens bewegen kann, ohne sich verloren oder überfordert zu fühlen.

> Eine Struktur muss nicht starr sein, um effektiv zu sein. Sie muss flexibel genug sein, um den Bedürfnissen des Kindes gerecht zu werden, aber gleichzeitig klar und verlässlich, damit das Kind eine Orientierung hat. **Flexibilität bedeutet, dass wir bereit sind, auf die Bedürfnisse und das Wohlbefinden der Kinder einzugehen.** Manchmal braucht ein Kind mehr Freiraum, manchmal mehr Struktur. Die Kunst besteht darin, beides so zu integrieren, dass sich das Kind sicher fühlt und gleichzeitig die Freiheit hat, sich auszuprobieren.

Feinfühliger Umgang mit Grenzen

Es bleibt nicht aus, dass Kinder Grenzen erfahren. Genau genommen beinhaltet der Tag bereits viele Einschränkungen für Kinder und **erfordert ein Höchstmaß an Kooperationsbereitschaft von ihnen.** In der Regel entscheiden wir darüber, wann die Kinder aufstehen sollen, ob sie zuhause frühstücken, wann sie in die Krippe, Kita oder Kindertagespflege gehen … Ganz schön viel Fremdbestimmung – und der Tag ist bis dahin erst wenige Stunden alt. Klar, dass die Grenze der Kinder irgendwann erreicht ist und sie keine weiteren *Begrenzungen* erleben möchten. Wenn es notwendig ist, Kindern eine Grenze aufzuzeigen, sollte sie also nachvollziehbar sein.

Wenn du eine Grenze setzen musst, versuche, diese positiv zu formulieren. Anstatt zu sagen: „Du kannst nicht mit dem Spielzeug spielen, weil du immer damit wirfst!", könntest du sagen: „Ich verstehe, dass du mit dem Spielzeug spielen möchtest. Wenn du damit wirfst, kann es andere Kinder verletzen. Sollen wir ein Spielzeug suchen, mit dem du werfen kannst?" Biete dem Kind eine Alternative an, die zu seinem Bedürfnis passt. Vielleicht möchte es auch unbedingt mit dem Spielzeug weiterspielen und hört auf, es zu werfen. Auf diese Weise kann das Kind selbst entscheiden, wie es weitermachen möchte, innerhalb eines Rahmens, der seine Sicherheit und das Wohlbefinden der anderen gewährleistet.

„In der Schule geht das aber nicht."

Der Gedanke, dass die Kita nur ein Vorlauf für die Schule ist, schafft unnötigen Druck und lässt die individuelle Entwicklung der Kinder außer Acht. Denn die Kita hat einen anderen Auftrag als die Schule: Sie soll Kindern Raum für kreatives Spielen, Exploration und emotionales Wachstum bieten. Wir brauchen hier ein grundsätzliches Umdenken: Kinder, die in der Kita lernen, auf sich zu achten, ihre Bedürfnisse ernst zu nehmen und im sozialen Miteinander zu wachsen, möchten dieses Wissen natürlich in der Schule ausbauen. Wenn sie dort gebremst werden, weil sie lernen müssen, die überwiegende Zeit stillzusitzen, zuzuhören und ihren ureigenen Bewegungsdrang zu unterdrücken, dann wird etwas von ihnen erwartet, das ihnen in dem Alter nicht guttut. Mit dem Wissen, das wir dazu mittlerweile haben, darf es nicht mehr darum gehen, die Bedürfnisse der Kinder zu übergehen, sondern umgekehrt: ihnen die gleiche Aufmerksamkeit in Kita und Schule zu geben. Dafür muss sich das Schulsystem grundlegend ändern und kreative und kindzentrierte Ansätze verfolgen. Auch hier müssen wir uns fragen: Welche Anpassungsleistung erwarten wir von Kindern? Was tut ihnen gut?

Lernen durch Ausprobieren: Fehler gehören dazu

Fehler sind Wachstumsmomente! Gerade für Kinder sind sie essenziell, um die Welt zu begreifen und ihre eigenen Fähigkeiten weiterzuentwickeln. Fehler gehören zu einem natürlichen Lernprozess, der Kindern hilft, Resilienz zu entwickeln. **Resilienz** bedeutet, dass Kinder lernen, mit Misserfolgen umzugehen und sich nicht entmutigen zu lassen.

Timmy versucht, ein Puzzle zu lösen, doch die Puzzleteile passen nicht. Statt ihm zu sagen: „Du hast es falsch gemacht" oder „So geht das nicht", könntest du Timmy ermutigen: „Das ist ja spannend. Warum denkst du, dass das Teil so nicht passt? Wie könntest du es anders machen?" Auf diese Weise fühlt er sich eher unterstützt und motiviert, es noch einmal zu versuchen.

Blick auf die Chancen

Die Art, wie wir als Erwachsene mit den Fehlern von Kindern umgehen, prägt ihre Haltung gegenüber Fehlern und Misserfolgen. Wenn wir sie als etwas Normales und Lernenswertes betrachten, können wir Kindern helfen, dasselbe zu tun. Der Schlüssel liegt darin, eine Atmosphäre zu schaffen, in der Fehler nicht mit Scham oder Strafe belegt werden, sondern als wertvolle Lernmomente wahrgenommen werden.

Wenn Jonas beim Malen die Farben „falsch" mischt und etwas Unerwartetes entsteht, könntest du nachfragen: „Du hast die beiden Farben gemischt. Wie bist du darauf gekommen? Was hat sich verändert?"

Was wir als Fehler interpretieren, kann für Kinder eine logische Folge einer Handlung oder Frage sein: „Was passiert, wenn ich diese Farben mische?" **Wichtig ist also auch, was wir als Fehler verstehen – und warum?** Wollen wir vielleicht manchmal statt Fehler „Experiment" oder „Versuch" sagen? Auf diese Weise können wir unsere Gedanken über Fehler hinterfragen und unsere Sprache anpassen.

Wenn Berna einen Turm aus Bausteinen baut und dieser umkippt, könnte eine hilfreiche Reaktion sein: „Oh, der Turm ist gefallen. Was denkst du, warum das passiert ist? Was könnte passieren, wenn du die Bausteine anders anordnest?" Diese Art von Fragestellungen hilft Kindern, selbst zu reflektieren und lösungsorientiert zu denken.

Missgeschicke mit Humor nehmen

Manchmal passieren lustige Dinge. Es gibt Situationen, bei denen wir herzlich lachen müssen, weil sie entweder komisch sind oder einfach völlig anders laufen, als wir es erwartet haben. Wenn wir Missgeschicke mit einem Lächeln nehmen, lockern wir die Stimmung für alle Beteiligten auf. Anstatt Fehler zu ernst zu nehmen, sehen wir sie als ganz normalen Teil des Lebens. Und das ist wichtig, besonders für Kinder – so lernen sie, sich nicht zu schämen.

Stell dir vor, du backst mit den Kindern einen Kuchen, und nach dem Backen fällt er in sich zusammen. Anstatt dich zu ärgern, könntest du sagen: „Tja, der Kuchen hatte heute andere Pläne. Meine Idee fand er wohl nicht so toll."

Lasst euch dann ruhig einen Moment Zeit, darüber zu lachen, und überlegt anschließend gemeinsam: „Was glaubt ihr, warum ist er zusammengefallen?"

Wichtig ist dabei, dass der Humor verständlich ist, zu einer positiven Stimmung beiträgt und nicht die Gefühle anderer Menschen verletzt. Achte darauf, dass der Humor niemanden bloßstellt oder verunsichert. Humor sollte immer dazu dienen, die Atmosphäre zu entspannen, nicht sie zu belasten.

Negative Beispiele im Umgang mit uns selbst oder miteinander sind:

„Das kann ja nur dir passieren."
„Wie dumm muss man sein, um so etwas zu machen?"
„Ich wusste, dass das schiefgeht – typisch du."
„Na toll, das hast du jetzt wieder vermasselt."
„Hättest du mal besser aufgepasst."

Solche Aussagen haben mit Humor nichts zu tun. Sie sind verletzend, beschämend und nicht integritätswahrend.

Überleg mal

- Wie ist es für dich, Fehler zu machen?

- Wie reagierst du, wenn du auf einen Fehler aufmerksam gemacht wirst?

- Gibt es Fehler, die du dir schnell verzeihen kannst?

- Wie reagierst du, wenn Kinder Fehler machen?

Wie entwickeln Kinder gesunde Coping-Strategien?

Während Erwachsene auf jahrelange Erfahrungen zurückgreifen können, um mit Emotionen umzugehen, stehen Kinder noch am Anfang dieses Lernprozesses. Schritt für Schritt lernen sie, mit stressigen oder überwältigenden Situationen umzugehen – und dabei die für sie geeigneten Strategien zu entwickeln.

Coping-Strategien (vom Englischen *to cope* = bewältigen) sind Denk- und Verhaltensmuster, mit denen Menschen emotionale Herausforderungen verarbeiten. Es gibt:

- **Günstige Coping-Strategien,** die helfen, Gefühle zu regulieren und Probleme konstruktiv zu lösen, etwa durch tiefes Durchatmen, sich mitteilen, Bewegung oder kreative Ausdrucksformen.

- **Ungünstige Strategien,** die kurzfristig entlastend sein können, langfristig aber problematisch sind, wie das ständige Vermeiden bestimmter Situationen oder häufige Wutausbrüche mit verletzendem Verhalten.

Was auf den ersten Blick wie eine ungünstige Bewältigung erscheint, kann eine Art **Notfallreaktion des Kindes** sein, wenn Worte oder Strategien noch nicht verfügbar sind (siehe Seite 37). Kinder, die uns widersprechen oder wütend auf etwas hinweisen, wenden die für sie geeigneten Strategien an, um uns auf ihre Bedürfnisse aufmerksam zu machen. Das sind Momente, in denen wir

selbst innehalten sollten: Was sagt uns das Verhalten des Kindes – und was sagt es über uns? Stimmen unsere Regeln und Erwartungen oder was können wir ändern, um der Lebenswelt des Kindes gerechter zu werden?

Beispiel: Ein Kind, das den Vormittag über viel Fremdbestimmung erfährt, aber mehrfach durch ein „Nein" deutlich macht, dass es etwas nicht möchte, wendet, wenn es dann wütend wird, eine für sich selbst geeignete Coping-Strategie an, die wir jedoch häufig als ungünstig interpretieren würden. Das, was für uns als Erwachsene geeignet oder nützlich erscheint („Bleib doch ruhig"), kann für das Kind extreme (und ungesunde) Anpassung bedeuten.

Bindung, Begleitung und Vorbild

Je mehr Kinder erleben: „Ich werde gesehen, verstanden und begleitet", desto leichter fällt es ihnen, ihre Gefühle auf eine konstruktive Weise zu verarbeiten. Einige Tipps:

Authentisch mit Emotionen umgehen: Kinder beobachten, wie wir mit Stress, Enttäuschung oder Frust umgehen und übernehmen häufig unsere Strategien, ob wir wollen oder nicht. Wenn wir Gefühle ehrlich zeigen und verantwortungsvoll mit ihnen umgehen, indem wir zum Beispiel sagen: „Ich bin gerade richtig wütend und brauche kurz einen Moment", leben wir Kindern einen authentischen Umgang vor.

Gefühle begleiten statt bewerten: Wenn wir Kindern helfen, ihre Emotionen zu erkennen und auszudrücken, beispielsweise durch Worte, Gesten oder kreative Tätigkeiten, lernen sie, wie sie ihren Gefühlen den notwendigen Raum geben können.

Sicherheit als Grundlage: Ein unterstützendes, verlässliches Umfeld gibt Kindern die innere Sicherheit, schwierige Situationen meistern zu können. Es stärkt ihr Selbstvertrauen: „Ich schaffe das".

Konflikte und Herausforderungen als Lerngelegenheit nutzen: Konflikte bleiben nicht aus und sind eine Gelegenheit zu üben, wie man Frust oder Ärger abbaut, wie man in den Austausch geht und Lösungen findet.

Kreative Ausdrucksmöglichkeiten nutzen: Malen, bauen, tanzen, musizieren – kreative Tätigkeiten ermöglichen Kindern, Emotionen zu kanalisieren, ohne sie zu unterdrücken. Sie stärken die Selbstregulation auf ganz natürliche Weise.

Achtsamkeit als Werkzeug: Einfache Achtsamkeitsübungen wie tiefes Atmen oder das Spüren des eigenen Körpers helfen, Emotionen zu ordnen. Diese Strategien brauchen Übung. Je früher Kinder sie kennenlernen, desto besser können sie sie nutzen.

Fehler als Teil des Lernens verstehen: Wenn Kinder erleben, dass Fehler nicht bestraft werden, weil sie als Teil des Lernens gesehen werden, entwickeln sie Mut, Neues auszuprobieren – und wachsen daran.

Wenn wir erwachsen sind, verfügen wir in der Regel über einen Fundus an Strategien. So können wir auch in unbekannten oder herausfordernden Situationen ausprobieren, welche Strategie hilfreich ist. Kinder legen sich diesen Fundus erst nach und nach an und brauchen die Möglichkeit, verschiedene Strategien zu erproben.

Das Recht auf Selbst- und Mitbestimmung

Selbstbestimmung bedeutet, dass Kinder die Möglichkeit haben, Entscheidungen über ihr eigenes Leben zu treffen und ihre Persönlichkeit frei zu entfalten. Dieses Recht ist **ein grundlegendes Menschenrecht** und wird auch in der UN-Kinderrechtskonvention betont, die Kindern das Recht zusichert, in allen sie betreffenden Angelegenheiten mitzubestimmen.

Die Beteiligung von Kindern an Entscheidungen ist von zentraler Bedeutung für ihre Entwicklung und das Verständnis demokratischer Prozesse. Durch Partizipation lernen Kinder, ihre Wünsche, Bedürfnisse und Ideen zu äußern und Verantwortung zu übernehmen.

Gründe für die Förderung von Partizipation bei Kindern:

- **Kompetenzentwicklung:** Partizipation fördert soziale, emotionale, kognitive und sprachliche Fähigkeiten, die für die ganzheitliche Entwicklung von Kindern bedeutsam sind.

- **Demokratieverständnis:** Durch die Beteiligung an Entscheidungen erfahren Kinder, wie demokratische Prozesse funktionieren, was ihr politisches Interesse und Verständnis stärkt.

- **Schutz und Rechte:** Die Möglichkeit zur Partizipation unterstützt Kinder dabei, ihre Rechte wahrzunehmen und sich gegen mögliche Verletzungen dieser Rechte zur Wehr zu setzen.

- **Verantwortungsbewusstsein:** Wenn Kinder in Entscheidungsprozesse einbezogen werden, entwickeln sie ein stärkeres Verantwortungsbewusstsein und lernen, die Konsequenzen ihres Handelns zu verstehen.

Das setzt voraus, dass Kinder sowohl in der Familie als auch in Krippe, Kita oder Kindertagespflege die Gelegenheit haben, sich nach ihren Möglichkeiten einzubringen. Dafür brauchen sie Erwachsene, die **ihnen vertrauen**. Oft höre ich Sätze wie: „Wenn draußen minus zehn Grad sind, kann das Kind nicht entscheiden, ob es die Mütze anzieht oder nicht!", „Es gibt Regeln und die besagen, dass die Kinder ihre Hausschuhe anziehen müssen!"… Wahrscheinlich kennst du diese Aussagen. Wichtig: Auch das ist adultistisch. Wir wissen etwas besser und bestimmen über die Kinder. Andererseits geht es natürlich darum, sie zu schützen und sie keiner Gefahr auszusetzen. Es geht also um ein Abwägen: Was kann das Kind bereits gut einschätzen und selbst entscheiden? Und wie kann das Kind mitwirken, auch wenn es noch nicht alle Konsequenzen so abwägen kann, wie es Erwachsene tun?

Dazu müssen wir unsere eigenen Regeln hinterfragen: Warum ist es uns wichtig, dass Kinder Hausschuhe tragen? Warum ist es uns wichtig, dass sie draußen eine Mütze aufsetzen? Setzen wir damit etwas durch, weil es uns wichtig ist, oder finden wir hierin eine pädagogische Begründung, die es notwendig macht? Und schließlich die Frage: **Würde ich das auch von einer erwachsenen Person verlangen?** Meistens lautet die Antwort: Nein. Kinder brauchen also unser Vertrauen, um sich auszuprobieren. **Mitbestimmung lernen sie durch Mitbestimmung.** Wenn es draußen kalt ist, merkt das Kind das in der Regel sehr schnell! Und falls nicht können wir die Mütze mitnehmen und sie dem Kind geben, wenn die Ohren kalt sind: „Merle, ich glaube, es ist zu kalt, um noch ohne Mütze draußen zu spielen. Ich mache mir Sorgen, dass dir deine Ohren nachher wehtun. Magst du die Mütze aufsetzen?" Hast du noch in Erinnerung, dass Kinder uns gefallen wollen und von sich aus kooperativ sind? Sie werden die Bitte also nicht ablehnen, weil sie uns verärgern wollen. Denn: Sie setzen sich **nicht gegen uns, sondern für sich** ein. Wenn wir ihnen respektvoll und auf Augenhöhe begegnen und unsere Bitte begründen, können sie eher unsere Absicht erkennen. Kinder haben für ihre Entscheidungen einen für sie guten, plausiblen Grund. Dieser deckt sich nur nicht immer mit unseren Absichten oder Erwartungen. Viellicht ist die Mütze kratzig oder fällt zu tief ins Gesicht, vielleicht rutscht sie beim Spielen oder fühlt sich auf dem Kopf zu warm an ...

Das Bedürfnis hinter einem Verhalten erkennen

Wenn wir unterschiedlicher Meinung sind, kommen Aushandlungsprozesse in Gang, die echte Teilhabe ermöglichen: Warum bin ich dieser Meinung, warum hat unser Gegenüber eine andere? Als Erwachsene bedeutet das, sich zu fragen: Wozu tue ich das? Und wozu tut das Kind, was es tut? Wie können wir hier eine Lösung finden, die für uns beide angenehm ist? Wenn Kinder Hunger haben, durstig sind oder schlafen möchten, sind das grundlegende Bedürfnisse, die erstmal keinen Aufschub dulden. Ebenso das Bedürfnis nach Sicherheit, Nähe oder auch

Abstand. Kinder lernen erst im Laufe ihrer ersten Lebensjahre, was es bedeutet, Bedürfnisse aufzuschieben. Deshalb ist es wichtig zu erkennen, welches Bedürfnis hinter dem Verhalten eines Kindes ist. Denn Grundbedürfnisse befriedigt zu wissen, ist als Kind eine wichtige Voraussetzung dafür, einen gesunden Umgang mit sich selbst zu entwickeln. Kinder sind dabei auf Erwachsene angewiesen, die sie unterstützen. Die ersten sechs Lebensjahre sind prägend für den weiteren Verlauf unseres Lebens. Deshalb sollten wir nicht von *verwöhnen* sprechen oder uns Gedanken darum machen, dass das Kind zu oft auf den Arm will. Es hat für sein Verhalten immer einen **guten Grund**, auch wenn wir ihn in diesem Augenblick nicht erkennen können. Die Bedürfnisse dann nicht zu erfüllen oder ablehnend auf das Kind zu reagieren, setzt das falsche Signal mit teilweise langfristigen Einschnitten und Belastungen für das Kind, wenn diese unreflektiert bleiben.

Wunsch oder Bedürfnis

„Ich will aber" – Ist das nun ein Wunsch oder Bedürfnis, wenn ein Kind sich vehement gegen etwas sträubt, das wir vorschlagen? Was steckt dahinter? Geht es dem Kind gerade wirklich um das Eis, das Spielzeug oder darum, nicht schlafen zu wollen, oder weist es uns hier auf etwas anderes hin, nämlich auf sein Bedürfnis nach Nähe, Aufmerksamkeit, Autonomie oder auch Sicherheit? Wenn wir dem Bedürfnis hinter dem Wunsch Aufmerksamkeit schenken, können wir das Verhalten des Kindes besser verstehen und ihm auch vermitteln, dass sein Bedürfnis gehört wird – auch wenn nicht immer jeder Wunsch erfüllt werden kann.

> Sich mit seiner Meinung einzubringen, ist noch aus einem anderen Grund wichtig, nämlich **um Grenzen aufzuzeigen und Nein zu sagen.** Bisher haben wir über die Grenzen gesprochen, die Erwachsene setzen, aber was ist mit denen, die Kinder (uns) setzen müssen? Die finden nun hier ihren Platz: Kinder müssen erfahren, dass sie etwas ablehnen dürfen, dass sie nicht mit allem einverstanden sein müssen und deutlich Nein sagen, wenn ihre Grenze erreicht oder überschritten wird. Dafür brauchen sie Eltern und Fachkräfte, die ihr Nein akzeptieren und ihnen ihre Grenze lassen.

Selbst- und Mitbestimmung wird von Erwachsenen oft mit Egoismus im Sinne von „Nur meine Meinung zählt" verwechselt, das hat damit aber nichts zu tun. Dadurch dass Kinder erleben, dass es verschiedene Meinungen gibt, erleben sie demokratische Prozesse: Es ist nicht immer die eigene Meinung, die gewinnt, es kann ein **Kompromiss oder Konsens** gefunden werden und die Meinung anderer Personen ist genauso wichtig wie die eigene. Ebenso lernen sie, Informationen zu hinterfragen und eigene Standpunkte zu entwickeln. Das sind wertvolle Erfahrungen, die Kinder bereits in ihren ersten Jahren sammeln.

Tipp: Kinder spielen unsere Abläufe nach und das am liebsten so echt wie möglich. Das kannst du unterstützen, indem du ihre Interessen aufgreifst. Einige Kinder möchten putzen? Dann stell Staubwedel, Kehrblech und Feger bereit. Einige Kinder spielen Büro? Dann möchten sie telefonieren, kopieren, drucken... **Partizipation in der Kita**

kann auch bedeuten, dass Kinder Anrufe entgegennehmen, neue Familien herumführen oder Aushänge herstellen und so die Abläufe mitgestalten.

Dürfen Kinder frech sein?

Als Erwachsene können wir viel vom „Frechsein" der Kinder lernen. Kinder, die frech sind, **hinterfragen Normen und stellen bestehende Strukturen in Frage** – eine Fähigkeit, die uns hilft, kreativer und flexibler zu denken. Kinder zeigen uns, dass es wichtig ist, Grenzen zu testen, Neues auszuprobieren und unsere Meinung frei zu äußern, ohne Angst vor Ablehnung zu haben. Frechsein kann also ein Ausdruck von Mut und Selbstvertrauen sein, etwas, das uns im Erwachsenenalter manchmal verloren gehen kann, wenn wir uns zu sehr an gesellschaftliche Erwartungen anpassen.

Wenn Kinder frech sind, hilft es ihnen, **ihre eigene Stimme** zu finden und ihre Unabhängigkeit zu stärken. Es fördert Kreativität, kritisches Denken und die Fähigkeit, sich in der Welt selbstbewusst zu behaupten. Wenn Kinder die Freiheit haben, frech zu sein, lernen sie, dass es in Ordnung ist, ihre Gedanken und Gefühle zu äußern und nicht immer den Erwartungen anderer Menschen zu entsprechen. Solange dabei der respektvolle Umgang miteinander gewahrt bleibt, trägt Frechsein dazu bei, **ein gesundes Selbstbewusstsein zu entwickeln** und das Vertrauen in die eigene Meinung zu stärken.

Wie selbstbestimmt war meine Kindheit?

Die Frage nach der Selbstbestimmung in der Kindheit ist nicht nur eine Rückschau auf unsere eigenen Erfahrungen – sie ist auch ein Spiegel unserer heutigen Haltung als Erwachsene. Wie viel Freiraum hatten wir, uns zu entfalten? Hatten wir die Möglichkeit, selbst zu entscheiden, was wir lernen wollten, wie wir unsere Zeit verbrachten oder sogar mit wem wir uns umgaben? Oder wurden diese Entscheidungen größtenteils von den Erwachsenen in unserem Leben getroffen, sei es von Eltern, Lehrkräften oder anderen Bezugspersonen?

In vielen Kulturen ist die Vorstellung von Erziehung immer noch stark von einer autoritären Haltung geprägt, die den Erwachsenen als Wissenden und das Kind als Lernenden sieht. Doch die Frage, die sich immer häufiger stellt, ist: **Wie wirkt sich eine solche Kindheit auf uns als Erwachsene aus?** Wie sehr werden wir noch heute von den Erziehungsmethoden unserer Kindheit beeinflusst? Und vor allem: Wie wirkt sich das auf unseren eigenen Umgang mit Kindern aus?

Vielleicht war unsere Kindheit geprägt von strengen Regeln und wenig Entscheidungsfreiheit – oder wir mussten schon früh Verantwortung übernehmen. Solche Erfahrungen prägen sowohl unser Selbstbild als auch unseren Umgang mit eigenen Kindern. **Dabei wirkt oft nach, was wir selbst erlebt haben – oder eben das, was wir uns für unsere Kindheit gewünscht hätten.**

Übung 1: Reflexion über die eigene Kindheit

Nimm dir ein paar Minuten Zeit und denke darüber nach, wie selbstbestimmt deine Kindheit war.

- Hattest du die Möglichkeit, Entscheidungen zu treffen? Wenn ja, welche?

- Wurden deine Wünsche und Bedürfnisse ernst genommen? Wenn ja, welche waren das? Welche wurden nicht erfüllt?

Notiere deine Gedanken und überlege, wie sich diese Erfahrungen auf deinen Umgang mit Kindern auswirken könnten.

Übung 2: Aus der Sicht des Kindes

Versetze dich in die Perspektive eines Kindes und überlege, wie es sich anfühlen muss, wenn man wenig Einfluss auf das eigene Leben hat.

Schreibe eine kurze Geschichte oder ein Gedicht, das die Sicht eines Kindes auf die Welt und seine Erfahrungen in der Familie, Krippe, Kita oder Kindertagespflege darstellt.

Wie würde es sich fühlen, wenn es mehr Einfluss auf Entscheidungen haben könnte?

Erwachsene als Vorbild

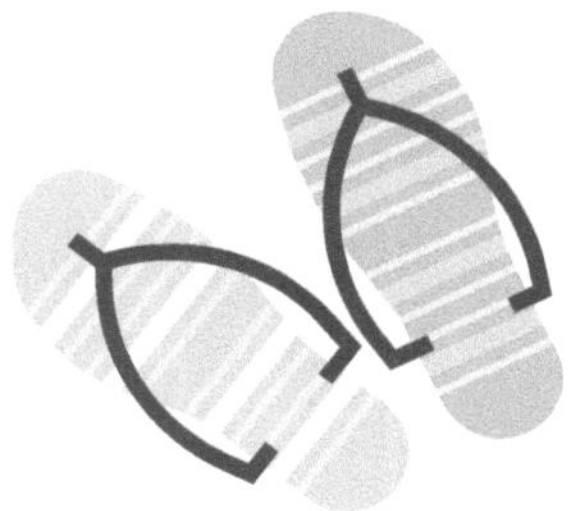

Kinder lernen durch uns

Kinder beobachten, was um sie herum passiert. Als Erwachsene sind wir Vorbilder, auch wenn wir es nicht merken. Alles, was wir tun, wie wir sprechen, wie wir uns verhalten, wie wir auf die Welt reagieren – Kinder spiegeln diese Verhaltensweisen und übernehmen sie, oft ohne sie aktiv zu hinterfragen.

Leben wir ihnen vor, wie man Konflikte löst, wie man respektvoll miteinander umgeht und wie man Verantwortung übernimmt, sind diese Momente oft viel nachhaltiger als jedes noch so gut gemeinte „Bitte" und „Danke", das wir von ihnen einfordern. Wenn du von einem Kind erwartest, dass es sich entschuldigt, während du selbst nicht bereit bist, die gleiche Verantwortung für dein Verhalten zu übernehmen, sendest du eine widersprüchliche Botschaft. Kinder orientieren sich weniger an unseren Worten als an unseren Handlungen.

Dabei stellt sich hier grundsätzlich die Frage:

Warum erwarte ich, dass das Kind um Entschuldigung bittet?

- Kann es das verstehen oder erwarte ich etwas, das es noch nicht leisten kann?

- Wie könnte das Kind auf seine eigene Weise mit der Situation umgehen und eine Lösung finden, ohne dass ich es dazu dränge, um Entschuldigung zu bitten?

- Bitte ich das Kind hierdurch indirekt, sich für etwas zu schämen oder sich schuldig zu fühlen?

Die Bedeutung von Authentizität und Selbstreflexion im Umgang mit Kindern

Authentizität trägt zu einer positiven Beziehung zwischen Erwachsenen und Kindern bei. Kinder fühlen instinktiv, ob wir *echt* sind oder uns verstellen. Ein authentisches Verhalten bedeutet, dass wir unsere eigenen Gefühle und Gedanken ausdrücken.

Angenommen, du hast einen stressigen Tag und fühlst dich genervt. Ein Kind fragt dich, wie es dir geht. Anstatt dich zusammenzureißen und „alles gut" zu sagen, könntest du erwidern: „Ich habe heute viel zu tun und bin ein bisschen unruhig. Ich nehme mir nachher Zeit, die Dinge zu erledigen, dann wird es mir besser gehen. Danke, dass du gefragt hast." Auf diese Weise vermittelst du, dass es in Ordnung ist, nicht immer *gut drauf* zu sein, und dass es wichtig ist, die eigenen Gefühle zu benennen und damit umzugehen. Selbstreflexion ist dabei unerlässlich: Wenn wir uns regelmäßig fragen, wie wir auf bestimmte Situationen reagieren, was wir eigentlich von Kindern erwarten und was wir vorleben, wird uns unser Verhalten bewusster.

Praktische Tipps, wie du als Vorbild wirken kannst

Wenn wir bewusst zuhören, also Augenkontakt herstellen, Kindern unsere ungeteilte Aufmerksamkeit schenken und ihre Gedanken ernst nehmen, zeigen wir ihnen, wie **respektvolle Kommunikation** funktioniert. Anstatt sofort zu antworten oder das Gesagte zu bewerten, frage nach, wenn dir ein Kind etwas erzählt: „Das klingt spannend! Was hast du dabei gedacht?" oder „Wie ging es weiter?"

Wenn wir Kindern zeigen, dass wir selbst Fehler machen, und zu ihnen stehen, leben wir ihnen vor, dass wir **verantwortungsvoll handeln**. Wenn wir umgekehrt die Schuld bei anderen suchen oder uns für eine Lüge entscheiden, leben wir Kindern vor, dass diese Art damit umzugehen in Ordnung ist. Stell dir vor, du hast bei einer Aufgabe einen Fehler gemacht, dann könntest du zum Beispiel sagen: „Oh, das ist falsch. Ich gleiche die Listen heute Nachmittag nochmal ab."

Vom Kind zu erwarten, dass es nach dem Essen still ist, aber selbst daneben zu sitzen und sich angeregt mit anderen zu unterhalten, ist unfair und für das Kind nicht nachvollziehbar. Vermeide solche **doppelten Botschaften**. Wenn du ein bestimmtes Verhalten von einem Kind erwartest, **sei dir bewusst, was du vorlebst.**

Wenn du auf deine eigene Gesundheit und dein Wohlbefinden achtest, lernen Kinder von dir, dass **Selbstfürsorge** wichtig ist. Im Kita- und Familienalltag bedeutet das, Abläufe zu strukturieren, Aufgaben realistisch zu verteilen und auf die eigenen Bedürfnisse zu achten. Es kann auch heißen, um Hilfe zu bitten, eine Auszeit zu nehmen oder zusätzliche Aufgaben abzulehnen, die momentan nicht machbar sind.

Streit oder Meinungsverschiedenheiten bleiben nicht aus. Wenn wir sie als **Chancen und Wachstumsmomente** sehen, können wir lernen, uns auf unser Gegenüber einzulassen und gemeinsam eine Lösung zu finden. Auch unterschiedliche Meinungen auszuhalten und nebeneinander stehen lassen zu können, zählt dazu. Dieses Verhalten beobachten Kinder und eignen sich unsere Verhaltensweisen an. Zum Beispiel: Wenn zwei Kinder um einen Teddy streiten, kannst du mit ihnen das Gespräch suchen, statt ihnen das Spielzeug wegzunehmen oder ein Kind zu bestrafen, indem es damit nicht mehr spielen darf. Du könntest sagen: „Ich verstehe, dass ihr beide mit dem Teddy spielen möchtet. Habt ihr eine Idee, wie wir eine Lösung finden können?"

Tipp: Vor allem jüngere Kinder können sich durch zu viel Verantwortung überfordert fühlen. Wir sollten sie deshalb in Konfliktsituationen unterstützen, aber nicht überfordern. Kleine Lösungen oder Hilfestellungen, wie das Anbieten von Alternativen, können dabei helfen, dass sie sich nicht in der Situation verloren fühlen.

Überleg mal

- Welche Vorbilder hattest du als Kind?

- Wer sind heute deine Vorbilder?

- Wie möchtest du als Vorbild für Kinder sein?

Wie wir mit Kindern sprechen, prägt ihre Welt

Die Worte, die wir zu Kindern sagen, haben eine enorme Macht. Sie formen nicht nur, wie Kinder sich selbst sehen, sondern auch, wie sie ihre Umwelt und ihre Beziehungen verstehen. Die Art und Weise, wie wir mit ihnen sprechen, kann ihr **Selbstwertgefühl stärken oder schwächen**, ihre Wahrnehmung von sich selbst und anderen beeinflussen und ihre emotionale Entwicklung fördern oder hemmen.

Sprache formt die Wahrnehmung

Die Worte, die wir verwenden, transportieren nicht nur Informationen. Sie **vermitteln auch Werte, Normen und Gefühle**. Wenn wir einem Kind ständig sagen, dass es „nicht gut genug" ist oder „sich nicht anstellen soll", kann das als Überzeugung abgespeichert werden. Die Botschaft, die das Kind empfängt, ist dann nicht nur die, dass es sich vielleicht in diesem Moment anders verhalten sollte, sondern dass es selbst nicht genug ist. **Positive, unterstützende und respektvolle Sprache** fördert das Vertrauen des Kindes in seine eigenen Fähigkeiten.

> Wir können das Kind durch unsere Worte ermutigen, ihm helfen, Lösungen zu finden, und es in seiner **Einzigartigkeit** anerkennen – und das alles mittels unserer Sprache!

Praktische Tipps für respektvolle Kommunikation

1. Keine Vergleiche.

Beispiel: „Miguel macht das viel besser als du." – Mensch, das fänden wir doch auch ätzend, oder?

2. Das Wort „nicht" vermeiden.

Beispiel: Statt zu sagen: „Geh da bitte **nicht** rückwärts hoch", könntest du sagen: „Geh da bitte vorwärts hoch." Das hilft dem Kind zu verstehen, wie es die Aufgabe anders lösen kann.

3. Auf die kleinen Worte achten.

Beispiel: „Du bist **so** sensibel", „Du bist **zu** laut", „Du bist wieder **sehr** wild" – Was vermitteln wir dem Kind damit?

4. Immer und nie – wirklich?

Beispiel: „*Immer* müssen wir auf dich warten", „*Nie* hörst du auf uns" – wirklich **immer** und **nie**?

5. Besser und statt aber.

Beispiel: Statt zu sagen: „Ich weiß, dass du noch spielen willst, **aber** ich möchte jetzt nachhause", könntest du sagen: „Ich weiß, dass du noch spielen willst, **und** ich möchte jetzt nachhause." Das gibt beiden Aussagen die gleiche Wertigkeit (ein *Aber* kennzeichnet den ersten Teil des Satzes als unwichtig).

6. Fragen statt Befehlen.

Beispiel: Statt zu sagen: „Gib mir bitte das Spielzeug", könntest du sagen: „Kannst du mir bitte das Spielzeug geben?" Hier muss das Kind natürlich auch ablehnen dürfen, es ist ja eine Frage, kein Befehl.

7. Auf etiketttypische Sprache verzichten.

Beispiel: Anstatt zu sagen „Du bist immer so ungeduldig", könntest du sagen „Ich habe gemerkt, dass du gerade ungeduldig bist. Was können wir tun, um dir zu helfen, bis du an der Reihe bist?"

8. Offen und ehrlich kommunizieren.

Beispiel: Ein Kind fragt dich nach dem Tod deines Haustiers. Anstatt vage zu antworten: „Es ist einfach weg", könntest du sagen: „Unser Haustier ist gestorben, was bedeutet, dass es nicht mehr bei uns sein wird. Deshalb bin ich heute traurig."

Sprache ist nicht nur ein Werkzeug der Kommunikation: Es ist ein **mächtiges Instrument zur Stärkung des Wohlbefindens und des Selbstwertgefühls** von Kindern. Durch bewusste und respektvolle Sprache können wir Kinder in ihrer Entwicklung unterstützen und ihnen helfen, gesunde Beziehungen zu sich selbst und zu anderen zu entwickeln.

Kinder müssen nicht in unseren Schuhen gehen, sie hinterlassen ihre eigenen Spuren.

Kinder in ihrer Gefühlswelt begleiten

Emotionale Intelligenz (EQ) ist die Fähigkeit, Emotionen zu erkennen, zu verstehen und zu regulieren. Sie hilft uns, Beziehungen aufzubauen, Herausforderungen zu meistern und mit unseren Gefühlen umzugehen.

Kinder müssen die Möglichkeit haben, ihre Emotionen zu erfahren, um sie benennen und verstehen zu können. Gefühle sind weder *gut* noch *schlecht* – sie sind **ein Teil des menschlichen Erlebens**. Für Kinder ist es wichtig, die Worte zu kennen, die sie brauchen, um ihre Gefühle auszudrücken, und das geht weit über „gut" und „schlecht" hinaus. Ein Kind, das weiß, wie man „wütend", „traurig", „überrascht" oder „aufgeregt" ist und dies benennen kann, beginnt, sich selbst besser zu verstehen und seine Bedürfnisse klarer zu äußern.

Ein Kind, das weint, weil es einen Streit mit einem anderen Kind hatte, könnte sagen: „Ich bin traurig, weil du mein Spielzeug weggenommen hast." Anstatt zu sagen „Weine nicht", könnten wir als Erwachsene das Gefühl des Kindes anerkennen und begleiten: „Es hört sich an, als ob du dich ungerecht behandelt fühlst. Möchtest du mir erzählen, wie es dir gerade geht?" Auf diese Weise kann das Kind in sich hineinfühlen und wahrnehmen, was es verstehen oder lösen möchte und wie es sich ausdrücken oder reagieren kann.

Zum Beispiel: „Ich bin traurig, weil ich mit dem Bagger weiterspielen wollte. Ich mag es nicht, wenn mir Dinge weggenommen werden. Sie hätte mich doch fragen können, ich hätte ihr den Bagger gleich gegeben."

ÜBUNGEN

Übung 1: Gefühls-Check-In

Zu Beginn des Tages oder nach einer belastenden Situation bietet sich ein *Gefühls-Check-In* an. Dabei helfen Erwachsene den Kindern dabei, ihre Gefühle zu benennen. Zum Beispiel: „Wie fühlst du dich heute/jetzt? Bist du froh, aufgeregt oder vielleicht etwas traurig?" Dies gibt Kindern die Gelegenheit, immer wieder in sich selbst hineinzuhören und ihre Emotionen zu erkennen.

Übung 2: Gefühlskarten nutzen

Eine weitere Möglichkeit, um Gefühle zu benennen, ist das Verwenden von Gefühlskarten. Diese Karten zeigen verschiedene Gesichter, die unterschiedliche Emotionen widerspiegeln (wie *traurig, wütend, glücklich, überrascht*). Kinder können eine Karte auswählen, die ihre aktuelle Gefühlslage am besten beschreibt. Dies ist besonders hilfreich, wenn Kinder Schwierigkeiten haben, ihre Emotionen in Worte zu fassen.

Übung 3: Gefühlsgeschichten erzählen

Wenn ein Kind Schwierigkeiten hat, über seine Gefühle zu sprechen, können Gefühlsgeschichten eine gute Methode sein. Erzähl dem Kind von einer Situation, in der du selbst ein starkes Gefühl hattest, und beschreibe, wie du damit umgegangen bist. Kinder können dann fragen, was du gefühlt hast, und in den Dialog über ihre eigenen Erfahrungen einsteigen.

Wie können Erwachsene auf sich achten?

Ungewohnte Perspektive, aber nicht zu unterschätzen: Wenn es uns als Erwachsene nicht gutgeht, kann es schwierig werden, Kindern den notwendigen Raum und die achtsame Begleitung zu schaffen, die sie von uns brauchen. Deshalb ist es wichtig, dass wir uns selbst gut umsorgen, damit wir in der Lage sind, gesunde, unterstützende Beziehungen mit den Kindern zu führen.

Die eigenen Bedürfnisse wahrnehmen

Wenn wir auf uns selbst achten, tun wir nicht nur etwas Gutes für unser Wohlbefinden, wir stärken auch unsere Fähigkeit, stressige Situationen zu bewältigen und geduldig und präsent für die Kinder zu sein. Letztlich steigert das auch unsere Freude und Lebenslust. Einige Gründe, warum Selbstfürsorge für Erwachsene – besonders für Eltern und pädagogische Fachkräfte – von großer Bedeutung ist:

- **Mentale und emotionale Energie:** Wenn wir uns nicht regelmäßig um uns selbst kümmern, fehlen uns Phasen der Regeneration. Das kann zu Ermüdung, Überforderung und Frustration führen, was sich auch auf unseren Umgang mit den Kindern auswirkt.

- **Vorbildfunktion:** Wenn Kinder sehen, dass Erwachsene auf ihr eigenes Wohlbefinden achten, erleben sie Selbstfürsorge als etwas Selbstverständliches. Dazu zählen gesunde Gewohnheiten wie regelmäßige Pausen, Bewegung, gesunde Ernährung und gute Schlafgewohnheiten, aber auch alles, was uns im Miteinander hilft, also sich gegenseitig zu unterstützen, wertschätzend miteinander umzugehen und Lösungen zu finden, wenn der Alltag so nicht mehr bewältigbar ist.

- **Emotionale Balance:** Wenn wir unsere Gefühle nicht regulieren können, sind wir schneller gereizt oder überfordert. Wenn wir hingegen lernen, uns selbst gutzutun und mit unseren Gefühlen in Einklang zu kommen, zeigen wir, wie emotionale Selbstregulation funktionieren kann.

Mit sich selbst in Kontakt bleiben

Es gibt viele Möglichkeiten, wie wir als Erwachsene Selbstfürsorge praktizieren können. Dabei müssen es nicht immer große Veränderungen sein. Auch kleine, alltägliche Gewohnheiten können langfristig einen großen Unterschied machen.

Hier einige Tipps:

Einchecken: Wie geht es mir und was brauche ich gerade? Oft sind wir so in den Alltag vertieft, dass wir die Signale unseres Körpers übersehen. Wenn wir **innehalten** und wahrnehmen, was wir wirklich brauchen, können wir gezielt für uns selbst sorgen und verhindern, dass wir uns in einer Erschöpfungsspirale verlieren. Dieses einfache Einchecken ermöglicht es uns, achtsamer zu sein und unsere Ressourcen besser zu nutzen.

Regelmäßige Auszeiten nehmen: Im Alltag kann es natürlich schwer sein, Zeit für sich selbst zu finden. Aber auch **kurze Pausen** sind wichtig, um den Kopf freizubekommen. Egal, ob es eine Tasse Tee, ein Spaziergang oder ein paar Minuten für tiefe Atemzüge sind – solche Auszeiten helfen, Stress abzubauen und Kraft zu tanken.

Das finden, was Spaß macht, und mehr davon tun: Wir brauchen Aktivitäten, die uns wirklich Freude bereiten und uns Energie zurückgeben. Ob es ein kreatives Hobby, das Musizieren oder ein gutes Buch ist – all diese Auszeiten sind wie **kleine Oasen im Alltag**. Wenn wir regelmäßig Zeit für diese freudigen Momente einplanen – auch gemeinsam mit Kindern – können wir unseren Alltag ausgeglichener gestalten. Und je mehr wir uns erlauben, Dinge zu tun, die uns Spaß machen, desto leichter fällt es uns, mit den täglichen Herausforderungen umzugehen.

Gemeinsame Erholungszonen einrichten: Erholungszonen müssen nicht immer still und ruhig sein. Sie können ebenso aktiv gestaltet sein. Ob ihr gemeinsam zur Ruhe kommt, meditiert oder entspannt, oder euch bei einer Bewegungseinheit, wie Tanzen oder einem Spaziergang, regeneriert – alles, was zur **Erholung** beiträgt, hat hier seinen Platz. Diese gemeinsamen Zonen fördern das körperliche Wohlbefinden, stärken das Miteinander und helfen, Stress abzubauen. Indem ihr regelmäßig solche Erholungsphasen in euren Alltag integriert, schafft ihr einen gemeinsamen Raum zur Regeneration.

Gesunde Grenzen setzen: Besonders in Care-Berufen und -Tätigkeiten fällt es oft schwer, klare Grenzen zu ziehen. Doch gesunde Grenzen sind wichtig. Das bedeutet, zu erkennen, wann man erschöpft ist und wann es Zeit ist, sich zu erholen. Wenn du merkst, dass du am Ende deiner Kräfte bist, solltest du unbedingt **um Hilfe bitten** oder eine kurze Auszeit nehmen. Ebenso kann es für Eltern wichtig sein zu sagen: „Jetzt brauche ich etwas Zeit für mich. Wir können gleich weiterspielen, aber ich muss mich kurz ausruhen."

Bewegung und körperliche Aktivität: Körperliche Bewegung ist eine der besten Methoden, um Stress abzubauen und das Wohlbefinden zu steigern. Es muss nicht immer ein intensives Workout sein – ein kurzer Spaziergang, leichte Yoga-Übungen oder einfache Tanzbewegungen können ausreichen, um **sich selbst etwas Gutes zu tun**. Integriere kurze Bewegungsphasen in deinen Alltag. Ob du nun mit den Kindern in der Kita auf einen Spaziergang gehst oder nach der Arbeit eine halbe Stunde für einen kurzen Lauf nutzt – Bewegung hilft.

Verantwortung übernehmen: Wir sollten uns von Aussagen wie „Das ging nicht, weil Loren zu spät kam" lösen. Stattdessen bleiben wir bei uns und damit **handlungsfähig**, indem wir sagen: „Ich hatte nicht genügend Zeit, das zu erledigen." Verantwortung übernehmen bedeutet, die eigenen Handlungen, Reaktionen und Entscheidungen zu reflektieren. Indem wir ehrlich zu uns selbst sind, übernehmen wir Verantwortung für das, was wir tun – oder nicht tun – und leben das auch Kindern vor. „Mir ist langweilig" > „Ich weiß gerade nicht, womit ich mich beschäftigen will."

Reflexion und Dankbarkeit: Am Ende des Tages kann eine Reflexion über den Tag und das, was gut gelaufen ist, sehr wohltuend sein. Das Führen eines Dankbarkeitstagebuchs kann helfen, den **Fokus auf die positiven Aspekte** des Tages zu lenken und die eigenen emotionalen Ressourcen zu stärken. Nimm dir abends fünf Minuten Zeit, um in einem Notizbuch drei Dinge aufzuschreiben, für die du dankbar bist. Das kann ein schöner Moment mit einem Kind sein oder einfach ein Moment, in dem du dich für einen kleinen Erfolg gefeiert hast.

Unterstützung suchen: Selbstfürsorge bedeutet auch, nicht alles allein machen zu müssen. Austausch und Unterstützung sind ebenso essenziell. Egal, ob im Freundeskreis, in der Familie oder bei Kolleg:innen – das Teilen von Erfahrungen, das Reden über Herausforderungen und das Einholen von Rat kann uns helfen, eine gesunde Balance zu finden. Wenn du dich überfordert fühlst, sprich mit anderen Eltern, einer Kollegin oder einem Freund. Das kann **neue Perspektiven** eröffnen. Oft hilft es schon, sich einfach mal den Frust von der Seele zu reden.

Sich um sich selbst zu kümmern, ist keinesfalls egoistisch, sondern schlicht notwendig. Wenn es uns gutgeht, können wir für die Kinder da sein und ihnen die Unterstützung bieten, die sie brauchen. Selbstfürsorge ist eine Investition in das eigene Wohlbefinden und das Wohl der Kinder.

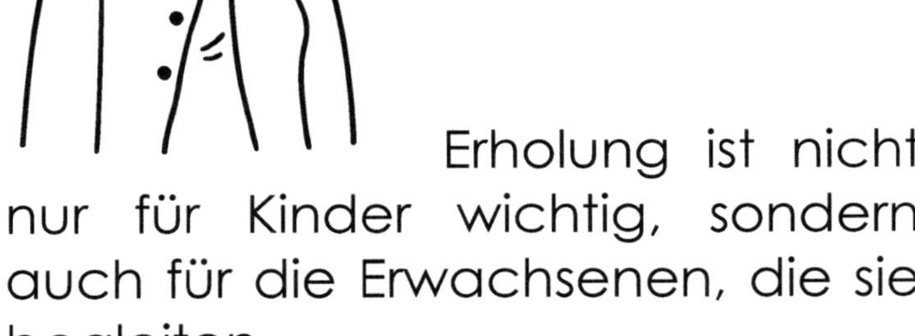

Erholung ist nicht nur für Kinder wichtig, sondern auch für die Erwachsenen, die sie begleiten.

Wie gut bin ich zu mir?

Die Frage „Wie gut bin ich zu mir?" ist eine der wichtigsten, die wir uns selbst stellen können. Oft sind wir im Alltag so sehr mit den Bedürfnissen und Erwartungen unseres Umfelds beschäftigt, dass wir unsere eigenen Bedürfnisse und Wünsche aus den Augen verlieren. Selbstfürsorge und Selbstliebe sind essenziell, **um im Gleichgewicht zu bleiben und unser volles Potenzial zu entfalten**. Doch wie oft gehen wir wirklich freundlich und achtsam mit uns selbst um?

Selbstfürsorge bedeutet nicht nur, sich ab und zu eine Auszeit zu gönnen, sondern regelmäßig auf die eigene innere Stimme zu hören und sich selbst liebevoll zu behandeln. Wie oft neigen wir dazu, uns selbst zu kritisieren oder uns für Fehler oder Schwächen zu verurteilen, anstatt uns mit Mitgefühl zu begegnen?

Ein achtsamer Umgang mit uns selbst sorgt dafür, dass wir uns besser fühlen, und hilft uns dabei, **unsere Lebensqualität zu steigern**. Es geht also darum, uns selbst zu akzeptieren und die eigenen Grenzen zu erkennen und zu respektieren. Wenn wir uns fragen, wie gut wir zu uns selbst sind, sollten wir auch hinterfragen, ob wir uns in Stresssituationen oder bei Herausforderungen genug Unterstützung geben und uns in schwierigen Momenten gut behandeln.

ÜBUNGEN

Übung 1: Selbstfürsorge-Inventar

Nimm dir 10-15 Minuten Zeit und erstelle eine Liste mit Dingen, die du in den letzten Wochen oder Monaten für dich selbst getan hast, um dich gut zu fühlen – sei es körperlich, emotional oder mental.

- Wie oft hast du dir Pausen gegönnt?

- Wie hast du dich selbst in stressigen Zeiten unterstützt?

- Was hat dir geholfen, dich zu entspannen und aufzutanken?

Überlege dir, was du in Zukunft für dich tun willst und wie du dir selbst liebevoll zur Seite stehen kannst.

Übung 2: Positive Selbstgespräche

Oft sind wir uns nicht bewusst, wie negativ wir mit uns selbst sprechen. In dieser Übung geht es darum, sich auf die positiven Aspekte unserer Selbstwahrnehmung zu konzentrieren.

Schreibe drei positive Aussagen über dich selbst auf – Dinge, die du an dir schätzt, Stärken, die du hast, oder kleine Erfolge, auf die du stolz bist. Wiederhole diese Aussagen täglich, um dir selbst mehr Wertschätzung entgegenzubringen.

Neue Normen entwickeln

Diversität und Individualität stärken

Kinder, die in einer Umgebung aufwachsen, in der Diversität als etwas Positives gesehen wird, entwickeln eine wertschätzende Haltung gegenüber Unterschieden. Sie lernen, dass es keine richtige oder falsche Art gibt, zu sein – ob in Bezug auf Kultur, Geschlecht, Fähigkeiten, Religion oder persönliche Interessen. Stattdessen lernen sie, dass Vielfalt das Leben bereichert und dass alle ihre eigene Geschichte und Perspektive mitbringen.

Individualität bedeutet auch, dass Kinder ihre Charakterstärke entfalten können. **Charakterstärke** bezeichnet die einzigartigen Eigenschaften und inneren Haltungen, die jedes Kind ausmachen. Ein charakterstarkes Kind kennt seine Stärken und bringt sich aktiv in seine Umgebung ein. Es findet den für sich richtigen Platz, geht souverän mit Widerständen um und behält die Bedürfnisse seiner Umwelt im Blick. Das Bewusstsein für die eigene Individualität und das Ausleben dieser als Grundrecht jedes Lebewesens bildet die Grundlage für soziales Lernen und gesunde, respektvolle Beziehungen.

Diversität und Individualität können theoretisch thematisiert werden, sollten aber auch aktiv und sichtbar im Alltag sein:

Kinder sollten **Zugang zu verschiedenen Materialien** haben, die unterschiedliche Kulturen, Geschlechterrollen und Lebensrealitäten widerspiegeln. Bücher, Bilder, Musik und Spiele, die verschiedene Perspektiven und Erfahrungen darstellen, helfen Kindern dabei, die Welt in ihrer ganzen Vielfalt zu verstehen und zu schätzen. **Tipp:** Stelle eine Auswahl an Bilderbüchern bereit, die von Kindern mit verschiedenen Biografien, Fähigkeiten, Herausforderungen oder familiären Strukturen erzählen. Wähle Geschichten, in denen die Hauptfiguren unterschiedliche Hautfarben, Kulturen, Lebensweisen oder Geschlechterrollen repräsentieren.

Ein weiterer wichtiger Aspekt ist, wie **unterschiedliche kulturelle oder religiöse Feste und Traditionen** im Alltag ihren Platz finden. Wenn Kinder spüren, wie jede Tradition und jedes Fest wertgeschätzt werden, erleben sie, wie selbstverständlich Unterschiede sind und wie bereichernd diese im Leben sind. **Tipp:** Feiert in der Kita oder zuhause Feste aus verschiedenen Kulturen, wie das chinesische Neujahr, Diwali, Ramadan oder Weihnachten. Kinder lernen die Bräuche kennen, indem ihr zum Beispiel zusammen kocht, bastelt oder Lieder hört. So wird Vielfalt zu einem freudigen und bildenden Erlebnis. Dabei sollte immer ein respektvoller, aufgeschlossener und kontextualisierter Ansatz gewählt werden, um kulturelle Elemente angemessen zu vermitteln.

Kinder sind neugierig und stellen Fragen über das, was sie sehen und erleben. Das sind ideale Gelegenheiten, um mit den Kindern **über Unterschiede zu sprechen**. **Tipp:** Welche Person kann euch Einblicke in ihren Alltag geben? Wie könnten Eltern und Kita-Team zusammenarbeiten, um verschiedene Familiengeschichten oder -traditionen vorzustellen? Wie findet man sich in einem Raum zurecht, wenn man nicht sehen oder die Umgebung nicht hören kann? ...

Übung 1: Die Vielfalt der Hände

Betrachtet die Formen und Farben eurer Hände und zeigt sie euch gegenseitig. Dabei könntest du folgende Fragen stellen:

- „Was macht deine Hand besonders?"

- „Wie sieht deine Hand im Vergleich zu anderen aus?"

- „Warum ist jede Hand einzigartig und wichtig?"

Lass die Kinder ihre Gedanken und Beobachtungen teilen. Das fördert das Bewusstsein für die Vielfalt der eigenen Gruppe und zeigt auch, dass Unterschiede kein Grund zur Ausgrenzung, sondern zur Wertschätzung sind.

Übung 2: Was mich einzigartig macht – und was uns verbindet

Überlegt euch etwas, das euch einzigartig macht, wie „Ich liebe es zu klettern". Wenn mehrere Kinder die gleichen Dinge berichten, zählt das bereits zu Kategorie 2: Was uns verbindet. Findet ihr für jedes Kind etwas, das es einzigartig macht, und etwas, das euch miteinander verbindet?

Die Bedeutung von Spiel und Kreativität

Das Spiel ist sozusagen die „Arbeit" der Kinder; die Möglichkeit, sich mit den eigenen Themen und Interessen auseinanderzusetzen und daraus zu lernen. Es ist ihre Art, die Welt zu begreifen und zu erforschen. Sie spielen, weil es für sie ein Weg ist, sich selbst auszudrücken, ihre Gefühle zu verarbeiten und ihre sozialen Fähigkeiten zu entwickeln. Wenn Kinder spielen, experimentieren sie mit Ideen, erproben unterschiedliche Rollen und Handlungen, testen Grenzen und bauen ihre Resilienz auf. Das stärkt ihre **ganzheitliche Entwicklung**.

Zeit zum Spielen und kreative Entfaltung sind die **Grundlage für viele wichtige Fähigkeiten**, die im Leben von Bedeutung sind, wie Problemlösungsfähigkeiten, kritisches Denken, Teamarbeit und Selbstbewusstsein. Kinder, die regelmäßig in einer Umgebung spielen können, die ihre Kreativität anregt, entwickeln ein besseres Verständnis für ihre eigenen Stärken und lernen, mit Herausforderungen umzugehen.

Spielend lernen

Sei es durch das Bauen mit Bausteinen, das Erfinden von Geschichten oder das Experimentieren mit Farben und Formen – **jedes Spiel fördert das Denken**. Wenn ein Kind mit Bausteinen ein Haus baut und es irgendwann nicht stabil steht, wird es von sich aus nach Lösungen suchen. Es wird die Konstruktion verändern, abstützen oder umgestalten, um das Problem zu lösen. Auf diese Weise trainiert das Kind seine Ausdauer, Flexibilität und kreative Problemlösung.

Im Spiel verarbeiten Kinder ihre Gefühle und Erfahrungen. Wenn sie verschiedene Rollen einnehmen, können sie ihre **Emotionen durch das Spiel ausdrücken** und in einem sicheren Rahmen erproben. Kinder lernen, ihre eigenen Gefühle zu erkennen, zu benennen und zu regulieren. Ein Kind, das in seinem Spiel eine schwierige Trennungssituation nachstellt, kann dadurch seinen Ängsten begegnen und eine Strategie entwickeln, mit seinen Gefühlen umzugehen. Diese Art der emotionalen Verarbeitung ist wichtig, um Resilienz und ein gesundes Selbstbewusstsein zu entwickeln.

Wenn Kinder miteinander spielen, lernen sie, Kompromisse einzugehen, Konflikte zu lösen und andere Perspektiven zu verstehen. Durch gemeinsames Spielen entwickeln sie ihre **sozialen Fähigkeiten** und lernen, wie man sich in einer Gemeinschaft bewegt. Wenn zwei Kinder ein Lagerfeuer aus verschiedenen Materialien bauen und sich dabei aufteilen, wer was macht, lernen sie Teamarbeit, Kommunikation und das Aushandeln von Regeln — wesentliche soziale Fähigkeiten, die im Leben von Bedeutung sind.

Tipps für die Raumgestaltung

Es ist wichtig, wie wir als Erwachsene den Raum gestalten und welche Freiheit wir den Kindern lassen, ihre eigenen Ideen zu entwickeln und auszuprobieren.

Zunächst sollten Kinder **an alles herankommen, was für sie bestimmt ist.** Das, was nur für Erwachsene gedacht ist, sollte sich nicht in Reichweite der Kinder befinden. Denn klar ist: Kinder sind neugierig! Und wenn sie immer wieder hören: „Nein, da darfst du nicht dran", ist das auf

Dauer ziemlich demotivierend und einschränkend. Andererseits sind Verbote spannend. Das kann also dazu führen, dass sie diese Bereiche erst recht aufsuchen. Das lässt sich im Krippen- und Kita-Setting natürlich eher realisieren als zuhause. Schau doch einfach mal, an welche Materialien und Spielsachen Kinder allein gut herankommen und ob sie die Materialien eigenständig nutzen können. **Tipp:** Zur Aufbewahrung bieten sich Klarsichtboxen an, damit die Kinder den Inhalt direkt sehen können.

Biete den Kindern eine **Vielzahl von Aktivitäten und Materialien** an, die ihre Fantasie anregen. Das können Kreativmaterialien, Musikinstrumente, Geschichten oder auch alltägliche Objekte sein, die zu neuen Spielideen anregen. Vielfalt im Angebot fordert die Kinder heraus, neue Dinge auszuprobieren. **Tipp:** Ermutige die Kinder, auch ungewöhnliche Dinge zu versuchen, also Materialkonstellationen oder Farbmischungen zum Beispiel, die sie von uns nicht kennen.

Kinder sollten sich nicht zu sehr gelenkt fühlen, sondern **genügend Freiraum** haben, ihre eigenen Ideen zu entwickeln. Gleichzeitig ist die Begleitung durch Erwachsene wichtig, um sie bei Bedarf zu unterstützen, Fragen zu beantworten oder Impulse zu geben, ohne die Kontrolle zu übernehmen. **Tipp:** Lass den Kindern Zeit, in ihre kreative Welt einzutauchen. Dabei zu sein bedeutet nicht, sie die ganze Zeit unterhalten zu müssen. Diese Momente eignen sich auch gut zur Beobachtung: Was interessiert das Kind? Wie spielt es gerne? Wie löst es ein Problem?

Verantwortung für Umwelt und Nachhaltigkeit

Die frühe Auseinandersetzung mit Themen wie Mülltrennung, Ressourcenverbrauch und der Schutz von Pflanzen und Tieren ermöglicht ein **Bewusstsein für ökologische Zusammenhänge**. Es geht nicht darum, Kindern Druck zu machen oder sie in die Verantwortung zu nehmen, denn diese liegt bei den Erwachsenen, aber darum, ihnen vorzuleben, welche verschiedenen Teilhabemöglichkeiten es gibt. Kinder verstehen, dass ihr Handeln direkte Auswirkungen auf ihre Umwelt hat. Wenn sie mitverfolgen, wie der Garten wächst, wie sie Wasser und Energie sparen können oder mit natürlichen Materialien basteln, erleben sie Nachhaltigkeit als gelebte Praxis.

Eltern und pädagogische Fachkräfte können gemeinsam mit Kindern **durch alltägliche Aktivitäten** ökologisch handeln. Die Zusammenarbeit mit der Natur wird zu einem integralen Bestandteil des Alltags: Das Pflanzen von Bäumen und Blumen, das Experimentieren mit Kompostieren oder das Aufräumen von Müll im Park sind Möglichkeiten, sich einzubringen und als selbstwirksam zu erleben. Dabei geht es sowohl um das Erlernen von ökologischen Prinzipien als auch um eine Haltung der Achtsamkeit und des Respekts gegenüber der Umwelt.

Tipp: Wie wäre es zum Beispiel mit einem „**Tag mit Tieren**: Einmal pro Woche dreht sich alles um Tiere und die Kinder wählen das Thema" oder „**Kreatives aus Abfall**: Einmal im Monat werden Materialien wiederverwertet"?

Speed down – Die Kunst, das Tempo zu drosseln

Langsamkeit wird in unserer Gesellschaft oft als unproduktiv oder ineffizient angesehen. Doch der Genuss der Langsamkeit kann gerade für Kinder von unschätzbarem Wert sein. In einer Welt, die immer auf den nächsten Schritt ausgerichtet ist, kann die Einladung zur Langsamkeit eine wohltuende Abwechslung bieten. Doch was bedeutet es, langsam zu leben und diese Erfahrung in den Alltag von Kindern zu integrieren?

Der positive Einfluss auf die kindliche Entwicklung

Das Tempo, in dem Kinder aufwachsen, beeinflusst ihre Entwicklung in vielerlei Hinsicht. Kinder, die ständig unter Druck stehen, schnell zu lernen, schnell zu spielen oder schnell zu reagieren, können leicht Stress erleben. Wenn wir jedoch **den Wert der Langsamkeit erkennen** und Kindern Zeit geben, wirkt sich das auf verschiedene Bereiche positiv aus:

- **Kreativität:** Entschleunigung regt die Fantasie an, denn zeitliche Begrenzungen hemmen die Lernfreude und Motivation.

- **Beobachtungsgabe:** Zeit haben, um die Natur zu entdecken. Herrlich! Wo krabbelt der Käfer hin? Was macht der Regenwurm dort? Wie schnell ziehen Wolken weiter?

- **Konzentrationsfähigkeit:** Kinder, die nicht gehetzt werden, haben mehr Raum, aufmerksam zu sein und ihre Gedanken zu ordnen.

- **Emotionale Entwicklung:** Zeit zu haben und sich im eigenen Tempo zu entwickeln, entspricht unserem Wesen. Kinder fühlen sich also weniger gereizt und gestresst, was ihnen im Umgang mit ihren Gefühlen hilft.

- **Gelassenheit:** Sich nicht so schnell aus der Ruhe bringen zu lassen, ist eine Kunst, über die wir uns auch als Erwachsene freuen.

- **Selbstbewusstsein:** Entschleunigung gibt Kindern Zeit, sich selbst besser zu verstehen und ihre Bedürfnisse und Wünsche klarer zu formulieren.

Es ist gar nicht so leicht, dem schnellen Leben zu entkommen. Zum Glück gibt es einige Möglichkeiten, wie Eltern und Fachkräfte Entschleunigung in den Alltag integrieren können, zum Beispiel:

- **Ruhige und aktive Angebote abwechseln**. So gibt es immer wieder die Möglichkeit, einen Gang zurückzuschalten.

- **Abläufe lassen sich vereinfachen**, zum Beispiel indem Übergangszeiten großzügiger geplant werden oder Kinder in kleinen Gruppen an Aktivitäten teilnehmen und nicht alle gleichzeitig von A nach B gebracht werden müssen. Auch unnötige Schritte sollten reduziert werden, um den Alltag entspannter zu gestalten.

- Anstatt den Tag mit vielen festen Programmpunkten zu versehen, sind **offene, unstrukturierte Zeiten** wichtig, in denen Kinder selbst entscheiden können, was sie tun möchten.

- **Zeit für Gespräche**, bei denen Eltern und Fachkräfte Kindern zuhören, fördert das Gefühl der Geborgenheit und Wertschätzung.

- **In Ruhe essen**, ohne den Druck, schnell fertig zu sein, führt zur Entschleunigung, stärkt das Miteinander und das Bewusstsein um die eigenen Bedürfnisse.

- **Ruhezeiten einladend gestalten.** Auch wenn wir müde sind, wollen wir uns wohlfühlen. Nicht alle möchten im Dunkeln schlafen oder ruhen. Welche Bedürfnisse haben die Kinder? Wer schläft gerne in der Nähe eines Erwachsenen, wer mag etwas Trubel um sich herum? Sich von vorneherein mehr Zeit für die verschiedenen Schlafbedürfnisse zu nehmen, entspannt das Miteinander.

- **Single-Tasking statt Multitasking:** Statt mehrere Dinge gleichzeitig zu tun, geht es darum, sich für einen Moment **bewusst nur einer Sache zu widmen**, um sowohl den Kindern als auch sich selbst mehr Präsenz und Ruhe zu geben.

Langsamkeit ist eine Kunst, die wir wieder lernen müssen. Wenn wir uns die Zeit nehmen, in Ruhe zu beobachten, was Kinder wirklich brauchen – jenseits der schnellen Erwartungen und Bewertungen – bleiben wir offen und neugierig für ihre Interessen und Bedürfnisse.

Wie lebe ich ein Growth-Mindset?

Ein Growth-Mindset, oder Wachstumsdenken, bedeutet, dass du daran glaubst, deine Fähigkeiten durch Anstrengung, Ausdauer und Lernen entwickeln zu können. Im Gegensatz dazu steht das *Fixed*-Mindset (festgelegtes Denken), bei dem du der Überzeugung bist, dass deine Fähigkeiten angeboren sind und sich kaum ändern lassen.

Wenn du ein Growth-Mindset lebst, siehst du **Herausforderungen als Chancen** und Fehler als Möglichkeiten, dazuzulernen. Du bist überzeugt, dass du dich kontinuierlich entwickeln kannst, auch wenn du auf Schwierigkeiten stößt, und lässt dich nicht von Rückschlägen entmutigen. Stattdessen betrachtest du diese als wertvolle Erfahrungen, die dir helfen, zu wachsen. So nimmst du eine gelassene Haltung gegenüber Herausforderungen ein und schätzt den Lernprozess – nicht nur das Endergebnis.

Das spiegelt sich auch im Umgang mit Kindern wider, in den Erwartungen, die wir an sie haben, und auch darin, wie wir mit Veränderungen umgehen. Ein Growth-Mindset hilft uns, das Bildungssystem fortschrittlich zu gestalten, indem wir hinterfragen, was wir tun, und Verantwortung für unser Lernen und unsere Entwicklung übernehmen. Ein Bildungssystem, das auf einem Growth-Mindset basiert, fördert Neugier, Offenheit und Selbstwirksamkeit. Es geht nicht mehr darum, Leistungen zu messen und Kinder vergleichbar zu machen, sondern darum, ihre Individualität zu schätzen.

Übung 1: Umdenken von Fehlern

Denk an eine Situation, bei der etwas nicht so gelaufen ist, wie du es dir erhofft hast. Anstatt dich darüber zu ärgern, überlege, was du aus dieser Erfahrung lernen konntest.

- Was weißt du jetzt, was dir vorher nicht bekannt war?

- Was könntest du beim nächsten Mal anders machen, um dein Ziel zu erreichen?

Schreibe deine Gedanken auf und versuche, in Zukunft diese Haltung einzunehmen. Sieh Fehler als Chance zu wachsen und werte sie nicht als Rückschlag.

Übung 2: Setzen von Wachstumszielen

Setze dir ein Ziel, das dich herausfordert, aber das du auch erreichen kannst. Achte darauf, dass das Ziel dich aus deiner Komfortzone holt. Teile es in kleinere Schritte auf und konzentriere dich dabei mehr auf den Lernprozess als auf das endgültige Ergebnis. Halte deinen Fortschritt fest und feiere kleine Erfolge auf dem Weg. So stärkst du das Vertrauen in deine Fähigkeiten.

Die Kindheit ist eine so einzigartige Lebensphase, dass wir alles daran setzen sollten, sie so oft wie möglich zu wiederholen.

Entfaltung durch Vertrauen

Wir haben uns in den verschiedenen Kapiteln intensiv mit der Frage auseinandergesetzt, wie eine **moderne, respektvolle Begleitung von Kindern** aussehen kann – eine, die ihre Einzigartigkeit anerkennt und ihnen den Raum gibt, sich selbst zu entfalten. Es geht nicht darum, Kinder in ein vorgefertigtes Bild zu drücken, sondern darum, ihnen Vertrauen zu schenken und den Mut zu haben, uns von unseren Erwartungen zu lösen.

Dabei ist klar, dass wir für Kinder das Beste wollen. Ob als Eltern oder Fachkräfte, wir handeln auf Basis unserer Erfahrungen und unseres Wissens in der Absicht, Kindern zu helfen. Doch „das Beste" ist nicht für jedes Kind das Gleiche.

> Kinder bringen ihre eigenen Bedürfnisse, Fähigkeiten und Perspektiven mit. Es ist unsere Aufgabe, uns immer wieder bewusst zu machen, dass unsere Vorstellungen und Wünsche nicht automatisch mit den tatsächlichen Bedürfnissen der Kinder übereinstimmen. Es erfordert Reflexion, Flexibilität und Offenheit, den individuellen Weg eines Kindes zu unterstützen, auch wenn er von unseren Erwartungen und Vorstellungen abweicht.

Wenn Kinder uns widersprechen oder andere Lösungen und Ideen vorschlagen, ist das kein Widerstand gegen uns. Es ist ein **Ausdruck ihrer eigenen Kreativität** und ihrer Fähigkeit, eigenständig zu denken. Anstatt unser fertiges Wissen über sie zu stülpen, sollte es selbstverständlich sein, dass wir uns mit ihnen austauschen, ihren Ideen Raum geben und diese respektieren. Der Austausch von Gedanken und Perspektiven ist ein wertvoller Teil des Lernprozesses, der uns als Begleiter:innen bereichert und uns zeigt, wie wichtig es ist, die Welt mit den Augen der Kinder zu sehen.

Wichtige Botschaften dieses Buchs sind:

1. **Jedes Kind ist einzigartig.** Kinder sind keine Kopien von uns. Sie sind eigene Persönlichkeiten, die ihren eigenen Weg gehen. Unsere Aufgabe ist es, sie in ihrer Entwicklung zu unterstützen, ohne sie in vorgefertigte Vorstellungen zu zwängen.

2. **Selbstreflexion stärkt unsere Art der Begleitung.** Indem wir uns bewusst machen, welche Erwartungen wir an Kinder haben, können wir verhindern, dass wir unsere Vorstellungen auf sie übertragen. Ehrliche Selbstreflexion hilft uns, unsere Muster und Prägungen zu erkennen und zu hinterfragen.

3. **Grenzen schaffen Raum für Wachstum.** Grenzen sind nicht dazu da, als Erwachsene Macht auszuüben, sondern um Kindern Sicherheit und Orientierung zu geben. Dabei ist es auch wichtig, dass wir die Grenzen der Kinder ernst nehmen.

4. **Fehler sind Chancen.** Kinder brauchen Raum, um Fehler zu machen und sich auszuprobieren. Das setzt voraus, dass wir eine Fehlerfreundlichkeit entwickeln und diese auch vorleben.

5. **Das Recht auf Selbstbestimmung.** Kinder wollen mitwirken! Dafür brauchen sie ein Verständnis für ihre eigenen Bedürfnisse und Grenzen. Wenn wir ihre Autonomie respektieren, stärken wir ihr Selbstbewusstsein und ihre Fähigkeit, für sich selbst einzustehen.

6. **Emotionale Entwicklung unterstützen.** Wir begleiten Kinder nicht nur in ihrer kognitiven Entwicklung – wir fördern ebenso die Entfaltung ihrer emotionalen Fähigkeiten. Es ist unsere Aufgabe, ihnen dabei zu helfen, Strategien zur Selbstregulation zu entwickeln.

7. **Spiel und Kreativität sind essenziell.** Freies Spiel und kreative Entfaltung bedeuten Spaß und sind eine wichtige Quelle für die kognitive, soziale und emotionale Entwicklung.

8. **Vielfalt bereichert.** Es ist normal, verschieden zu sein! Eine respektvolle Haltung gegenüber Diversität fördert das Verständnis füreinander und stärkt das Selbstwertgefühl der Kinder. Sie lernen, offen zu sein, Vorurteile zu hinterfragen und neue Perspektiven zuzulassen.

9. **Selbstfürsorge ist der Schlüssel.** Wenn es uns gutgeht, können wir auch gut für Kinder sorgen. Langanhaltende Belastungen, chronischer Stress, Unzufriedenheit oder auch Erschöpfung schaden uns und unserer Beziehung zu den Kindern.

10. **Was möchtest du noch ergänzen?**

Es gibt nicht den einen richtigen Weg, Kinder zu begleiten. Was für ein Kind funktioniert, wird für ein anderes nicht passen. Die Begleitung von Kindern verlangt von uns den Mut, Selbstverständliches zu hinterfragen, Neugier und Offenheit, um die Botschaften der Kinder zu verstehen, und die Bereitschaft, immer wieder zuzuhören und uns anzupassen – sowohl an die Bedürfnisse der Kinder als auch an unsere eigenen.

Lassen wir uns darauf ein, mit den Kindern einen Weg zu gehen, der sie in ihrer Entwicklung stärkt und uns ebenso wachsen lässt. Ein Weg, auf dem wir voneinander lernen und gemeinsam in eine Zukunft voller Möglichkeiten blicken.

ZUM SCHLUSS

- Welche Gedanken aus diesem Buch sind besonders hilfreich?

- Was möchtest du dir merken?

Tipp: Markiere wichtige Abschnitte oder Aussagen, sodass du sie schnell wiederfindest.

Glossar

Adultismus beschreibt die Vorstellung oder das Verhalten, dass Erwachsene Kinder in einer Weise behandeln, die ihre Rechte, Wünsche und Bedürfnisse ignoriert oder abwertet, nur weil sie jünger oder weniger erfahren sind. Es geht dabei um die Annahme, dass Erwachsene im Recht sind oder mehr Macht haben, ohne die Perspektive der Kinder zu respektieren. Erwachsene, die adultistisch handeln, haben oft das Bedürfnis, Kinder zu führen und zu schützen, schränken dabei aber unbeabsichtigt die Autonomie der Kinder ein.

Anpassungsfähig bedeutet, dass jemand oder etwas in der Lage ist, sich schnell und flexibel an neue oder veränderte Bedingungen, Situationen und Anforderungen anzupassen. Es beschreibt die Fähigkeit, auf Veränderungen zu reagieren, ohne dabei die eigenen Ziele oder das Wohlbefinden zu gefährden. Ein anpassungsfähiger Mensch kann zum Beispiel gut mit neuen Herausforderungen umgehen oder sich in unterschiedlichen Situationen zurechtfinden.

Bedürfnisse sind fundamentale Anforderungen, die eine Person oder ein Lebewesen hat, um ein erfülltes, gesundes und ausgewogenes Leben zu führen. Es gibt verschiedene Arten von Bedürfnissen, die je nach ihrer Bedeutung und Dringlichkeit in Kategorien unterteilt werden können. Ein bekanntes Modell dazu ist die Bedürfnispyramide von Abraham Maslow. Grundsätzlich kann man zwischen körperlichen und psychischen Bedürfnissen unterscheiden. Beispiele sind körperliche Grundbedürfnisse wie Schlafen, Essen, Trinken, Atmen. Sicherheitsbedürfnisse wie Schutz vor Gefahren oder Gewalt. Soziale Bedürfnisse wie Freundschaft, Liebe, Geborgenheit. Ich-Bedürfnisse wie Respekt, Anerkennung, Selbstwertgefühl sowie Selbstverwirklichung in Form von Kreativität, Entfaltung, Autonomie.

Charakterstärke bildet die Grundlage für die Entwicklung einer stabilen und gesunden Persönlichkeit. Kinder entwickeln ein starkes Selbstbewusstsein, lernen, Verantwortung für ihr Handeln zu übernehmen, und sind in der Lage, mit Enttäuschungen und Rückschlägen umzugehen. Charakterstärke trägt somit zur langfristigen emotionalen, sozialen und ethischen Entwicklung bei und hilft uns, verantwortungsbewusste und empathische Erwachsene zu werden.

Extrinsische Motivation bezeichnet die Motivation, die von äußeren Faktoren oder Belohnungen beeinflusst wird, anstatt aus innerem Interesse oder persönlicher Zufriedenheit zu stammen. Bei extrinsischer Motivation geht es darum, dass eine Person eine Tätigkeit nicht aus Freude oder Begeisterung für die Aktivität selbst ausführt, sondern um eine Belohnung zu erhalten oder eine Strafe zu vermeiden. Beispiele für extrinsische Motivation sind das Streben nach Geld, Anerkennung, Noten oder anderen materiellen oder sozialen Belohnungen.

Integritätswahrend bedeutet, dass etwas die Integrität einer Person respektiert und schützt. Es geht darum, dass man die Würde, Werte und die innere Stärke einer Person achtet, ohne sie zu verletzen oder herabzusetzen.

Intrinsische Motivation bezeichnet die Motivation, die aus dem inneren Antrieb einer Person kommt, weil sie Freude an der Tätigkeit hat oder sie als interessant, herausfordernd oder sinnvoll empfindet. Bei intrinsischer Motivation steht nicht die Aussicht auf externe Belohnungen im Vordergrund, sondern das persönliche Vergnügen, das Gefühl von Erfüllung oder das Interesse an der Aufgabe selbst.

Ein **Kompromiss** ist eine Vereinbarung, bei der beide Seiten Zugeständnisse machen, um zu einer Lösung zu kommen. Der Kompromiss stellt eine Art Mittelweg dar, der für beide Parteien akzeptabel, aber möglicherweise nicht ideal ist.

Konsens bezeichnet eine Übereinstimmung oder ein Einverständnis, bei dem alle beteiligten Parteien mit einer Entscheidung einverstanden sind, ohne Widerstand oder grundlegende Einwände. Im Gegensatz zum Kompromiss strebt der Konsens an, dass alle Parteien sich einig fühlen und die Lösung von allen mitgetragen wird.

Lernen bezieht sich auf den Prozess, bei dem Kinder durch Erfahrungen und Interaktionen mit ihrer Umgebung Wissen, Fähigkeiten, Werte und soziale Kompetenzen entwickeln. In Krippe, Kita und Kindertagespflege wird Lernen als ein ganzheitlicher, spielerischer und individualisierter Prozess betrachtet, bei dem Kinder sowohl kognitive als auch emotionale, soziale und motorische Fähigkeiten entwickeln.

Partizipation bezeichnet die Beteiligung, Mitbestimmung und Einbeziehung von Kindern und Jugendlichen an Entscheidungen, die ihr Leben betreffen. In der Pädagogik bedeutet das, Kinder aktiv in den Alltag von Bildungseinrichtungen einzubeziehen, sodass sie ihre Wünsche, Bedürfnisse und Ideen äußern können und Einfluss auf ihren Alltag nehmen. Artikel 12 der UN-Kinderrechtskonvention betont das Recht des Kindes, seine Meinung in allen es betreffenden Angelegenheiten frei zu äußern und dass diese angemessen berücksichtigt wird.

Reflexion bezeichnet das Nachdenken oder die sorgfältige Überlegung zu bestimmten Themen oder Ereignissen. Es geht darum, Gedanken zu sammeln, zu analysieren und zu bewerten. **Selbstreflexion** bedeutet, über die eigenen Gedanken, Gefühle und Handlungen nachzudenken und diese zu hinterfragen. Dieser introspektive Prozess ermöglicht es, das eigene Verhalten und die eigene Motivation besser zu verstehen und daraus Erkenntnisse für persönliches Wachstum zu gewinnen.

Resilienz bezeichnet die Fähigkeit, schwierige Lebenssituationen, Krisen oder belastende Erfahrungen zu bewältigen und gestärkt daraus hervorzugehen. Es umfasst die Entwicklung von inneren Ressourcen wie Selbstvertrauen, Problemlösungsfähigkeiten und sozialer Unterstützung.

Quellen

Baum, H. & Schneider, H. (2024): Für das Kind ergibt es Sinn! Herausforderndes Verhalten in Kita und Kindertagespflege verstehen und begleiten. Göttingen: Vandenhoeck + Ruprecht.

Claus, K. (2023): Das Recht des Kindes, unglücklich zu sein. Ängste, Frust & Co. zulassen und verstehen. Freiburg: Herder.

Finger, F. (2024): Selbst aktiv statt fremd bestimmt. Gelingende Partizipation in Kita, Krippe und Kindertagespflege. Freiburg: Herder.

Franz, M. (2021): „Heute wieder nur gespielt" – und dabei viel gelernt! Den Stellenwert des kindlichen Spiels überzeugend darstellen. 4. Auflage München: Don Bosco.

Hohmann, K. (2024): Gemeinsam durch die Wut. Wie ein achtsamer Umgang mit kindlichen Aggressionen die Beziehung stärkt. Limbach-Oberfrohna: Edition Claus.

Largo, R. (2022): Das passende Leben. Was unsere Individualität ausmacht und wie wir sie leben können. Frankfurt am Main: Fischer Taschenbuch.

Ryan, R. & Deci, E (2018): Self-Determination Theory. Basic psychological needs in motivation, development, and wellness. New York: The Guilford Press.

Schneider, L. (2024): Neurodivergente Kinder in der Kita. Ein Leben abseits der Norm. Norderstedt: BoD.

Wedewardt, L. & Hohmann, K. (2024): Kinder achtsam und bedürfnisorientiert begleiten in Krippe, Kita und Kindertagespflege. Freiburg: Herder.

Wedewardt, L. (2022): Wörterzauber statt Sprachgewalt. Achtsam sprechen in Kita, Krippe und Kindertagespflege. Freiburg: Herder.

Wolters, M. (2024): Adultismus in der Krippe. Erkennen – Verstehen – Verändern. Norderstedt: BoD.

Bisher erschienen

Mira Wolters
Hochsensible Kinder in Krippe und Kita:
Erkennen – Verstehen – Begleiten.
ISBN: 978-3-7578-2834-9

Was wir von Hunden lernen können:
Große Gruppen in der Kita.
ISBN: 978-3-7583-1216-8

Adultismus in der Krippe:
Erkennen – Verstehen – Verändern.
ISBN: 978-3-7597-7687-7

Lena Schneider
Neurodivergente Kinder in der Kita:
Ein Leben abseits der Norm.
ISBN: 978-3-7597-5180-5

Lass doch einfach los. Warum lieb gemeinte
Ratschläge nicht immer hilfreich sind.
ISBN: 978-3-7597-4359-6